广州市各级各类教育

学生规模研究

广州教育发展专题监测（第一辑）

广州教育发展专题监测（第一辑）编委会

主　　编：方晓波　蒋亚辉

副 主 编：杜新秀　肖秀平　张海水

执行主编：肖秀平　张　丹

成　　员：李　媛　刘　霞　郭海清　陈发军　李柯柯　刘欣颜

SPM 南方传媒

全国优秀出版社　　广东教育出版社
全国百佳图书出版单位

·广州·

图书在版编目（CIP）数据

广州市各级各类教育学生规模研究 / 广州市教育研究院编；方晓波，蒋亚辉主编；杜新秀，肖秀平，张海水副主编；肖秀平，张丹执行主编.—广州：广东教育出版社，2023.10

ISBN 978-7-5548-5528-7

Ⅰ.①广… Ⅱ.①广… ②方… ③蒋… ④杜… ⑤肖… ⑥张… ⑦张… Ⅲ.①地方教育—教育事业—研究—广州 Ⅳ.①G527.651

中国国家版本馆CIP数据核字（2023）第195474号

广州市各级各类教育学生规模研究

GUANGZHOUSHI GEJI GELEI JIAOYU XUESHENG GUIMO YANJIU

出 版 人：朱文清

策划编辑：杨龙文

责任编辑：李映婷　杨龙文

责任技编：佟长缨

装帧设计：苏永基

出版发行：广东教育出版社

　　　　　（广州市环市东路472号12-15楼　邮政编码：510075）

销售热线：020-87615809

网　　址：http://www.gjs.cn

E-mail：gjs-quality@nfcb.com.cn

发　　行：广东新华发行集团股份有限公司

印　　刷：佛山市浩文彩色印刷有限公司

　　　　　（佛山市南海区狮山科技工业园A区）

规　　格：787 mm × 1092 mm　1/16

印　　张：11

字　　数：220千

版　　次：2023年10月第1版

　　　　　2023年10月第1次印刷

定　　价：58.00

如发现因印装质量问题影响阅读，请与本社联系调换（电话：020-87613102）

前　言

为更好地发挥教育统计数据对教育决策的参考价值，挖掘数据背后的教育事业发展轨迹，广州市教育研究院在组织编写"广州教育发展监测"系列丛书的基础上，推出"广州教育发展专题监测"。其选题方向是立足统计数据，彰显民生关怀，聚焦教育热点；写作思路是呈现教育现实，注重分析视角，提出政策建议。

《广州市各级各类教育学生规模研究》作为本年度"广州教育发展专题监测"的成果，以学生规模变化作为监测主题，以分析报告的方式呈现，共收录报告19篇，分上、中、下三编。

上编：城市人口与入学人数。上编以第七次全国人口普查为研究背景，以常住人口与学生规模的协调度为分析视角，对广州市各学段入学人数的变化进行分析，形成了系列研究报告6篇。其中，《广州市各学段入学人数变化分析报告》由肖秀平撰写，《广州市幼儿园入园人数变化分析报告》由刘霞撰写，《广州市义务教育入学人数变化分析报告》由李柯柯、郭海清撰写，《广州市普通高中入学人数变化分析报告》由陈发军撰写，《广州市中职学校入学人数变化分析报告》由李媛撰写，《广州市中小学随迁子女入学人数变化分析报告》由张丹撰写。

中编：学位供给与学生规模。中编以政府的学位供给为研究背景，以纵向年度比较、横向市内区域和国内城市比较为分析视角，对广州市各学段、各专题及学校的学生规模变化进行分析，形成了系列研究报告6篇。其中，《广州市基础教育阶段学生规模变化分析报告》由肖秀平撰写，《广州市中等职业学校招生规模变化分析报告》由李媛撰写，《广州市幼儿园幼儿规模变化分析报告》由刘霞撰写，《广州市义务教育阶段学生规模变化分析报告》由张海水撰写，《广州市普通高中学生规模变化分析报告》由郭海清撰写，《广州市中小学随迁子女学生规模分析报告》由张丹撰写。

下编：学生规模与学位预测。下编紧扣教育实践，以原因解释、需求预测、应对策略为分析视角，全景式呈现了市、区、镇、学校不同层次教育管理主体的学生规模变化情况，形成了系列分析报告7篇。其中，《广州市中考学生规模变化分析报告》由刘欣颜撰写，《广州市基础教育招生规模及学位需求预测分析报告》由肖秀平撰写，《黄埔区学前教育与义务教育学生规模变化分析报告》由李志刚撰写，《番禺区南村镇义务教育公办学校学生规模变化分析报告》由陈兰芬、林家玲撰写，《南沙区南沙小学学生规模变化分析报告》由洪涵、梁佩仪、郭韵婷撰写，《白云区集贤小学学生规模变化分析报告》由卢丽莲、雷冬香撰写，《南沙区大同小学学生规模分析报告》由郭锦辉撰写。

在本书的编写过程中，我们得到了广州市各区教育部门同行的大力支持，在此特别致谢！

广州市教育研究院编写组

2022年10月

说　明

一、数据来源

本书各篇报告中所使用的广州市学校、学生原始数据主要来源于广东省教育信息平台，广州市人口数据来源于广州市统计局官网，广州市招生数据来源于广州市招生委员会办公室官网，广州市技工学校数据来源于广州市人力资源和社会保障局，其他城市学生及人口数据来源于各城市教育官网及城市年鉴。

二、数据格式

本书所用数据，凡是需要保留小数的，小数点后均保留两位小数。因小数点后数值按四舍五入取值，部分指标在加总时可能出现轻微误差。

三、统计口径

1. 根据教育事业统计的属地管理原则，本书中的"广州市"教育数据如果不特别注明"市属"或者"市区属"，则指广州地区的全口径数据，包括市区属、省部属及其他机构的相关数据。

2. 根据教育事业统计惯例，小学学校数是指独立小学的学校数，不包含九年一贯制学校和十二年一贯制学校中的小学数；初中学校数是指初级中学学校数与九年一贯制学校数之和；普通高中学校数是指高级中学学校数、完全中学数和十二年一贯制学校数之和。本书中的各级各类学校数，如果不特别注明统计口径，则按统计惯例来核算。

3. 本书中的入学人数是指教育事业统计指标中的招生数。

目　录

上 编

城市人口与入学人数

　　常住人口是区域教育资源配置，尤其是基础教育资源配置的重要参考。第七次全国人口普查结果显示：2020年广州市常住人口1867.66万人，较2010年（1270.08万人）增长47.05%。其中，非户籍常住人口937.88万人，较2010年增长97%；户籍人口中净迁入人口98万人。人口的快速增长及迁入，显示了广州作为国家中心城市对人才的强大吸引力，同时也带来了入学人数的起伏。本编内容以第七次全国人口普查中常住人口变动为背景，对全市各学段入学人数的变化进行分析，形成系列研究报告供教育部门决策参考。

广州市各学段入学人数变化分析报告

肖秀平[*]

基于第六、第七次全国人口普查数据与2010—2020年间广州市各学段入学数据，分析广州市各学段入学人数变化情况及各学段入学人数变化与城市常住人口数变化协调度情况，并结合城市发展战略及相关政策，分析变化原因，提出政策建议。

一、各学段入学人数变化概况

本部分主要从2020年变化、2016—2020年间变化趋势、区域变化态势等方面概括各学段入学人数变化的基本情况。

（一）全市各学段入学人数变化情况

1. 2020年，幼儿园、初中和普通高中入学人数增长。全市幼儿园、初中和普通高中入学人数分别较2019年出现了不同程度的增长，其中，幼儿园增幅最大，为14.91%；初中次之，为5.58%；普通高中最小，为2.32%。

2. 2020年，小学和中职学校[①]入学人数下降。全市小学和中职学校（市、区属）入学人数较2019年出现下降，降幅分别为5.93%和2.91%。

3. 幼儿园和初中入学人数近四年持续递增。2016—2020年间，全市幼儿园和初中入学人数保持了持续递增态势，年均增长率分别为6.83%和4.86%。

4. 2016—2019年，小学入学人数持续增长，2020年下降。2016—2020年间，全市小学入学人数年均增幅为2.50%；2020年较2019年有所下降，降幅为5.93%。

5. 普通高中入学人数先降后增，2018年是波谷。2016—2020年间，全市普通高中入学人数年均增长率为−1.67%。入学人数先降后增，2016年为5.83万人，是五年间的波峰；2018年降至

---

*肖秀平，女，广州市教育研究院副研究员，教育规划与政策研究所副所长，主要从事基础教育政策、教育评价研究。

①中职学校是指广州市、区属中等职业学校，鉴于管理权限，本文未对省部属中职以及技工学校进行分析，下同。

5.24万人，成为波谷。

6. 中职学校入学人数出现波动。2016—2020年间，市、区属中职学校入学人数在2.95万人至3.62万人间波动，2017年是波谷，2019年是波峰，年均增长率为0.37%。（见表1-1-1）

表1-1-1　2016—2020年全市各学段入学人数变化情况

学段	人数/人					2020年较2019年增长率/%	年均增长率/%
	2016年	2017年	2018年	2019年	2020年		
幼儿园	174 280	179 411	191 685	193 130	221 927	14.91	6.83
小学	180 334	191 092	206 514	210 895	198 393	−5.93	2.50
初中	116 292	122 090	122 121	131 578	138 917	5.58	4.86
普通高中	58 260	54 406	52 401	53 127	54 360	2.32	−1.67
中职学校	34 596	29 531	31 680	36 160	35 107	−2.91	0.37

（二）各区各学段入学人数变化情况

1. 2020年，各区幼儿园入学人数增长；2016—2020年间，十区年均增长率均为正。2020年，全市各区幼儿园入园人数均较2019年出现了不同程度的增长，其中从化区、增城区增幅超过30%。2016—2020年间，除从化区之外，其他十区保持了四年持续增长态势，其中黄埔区、花都区、南沙区、增城区年均增长率均超过10%。（见表1-1-2）

表1-1-2　2016—2020年全市各区幼儿园入学人数变化情况

区域	人数/人					2020年较2019年增长率/%	年均增长率/%
	2016年	2017年	2018年	2019年	2020年		
全市	174 280	179 411	191 685	193 130	221 927	14.91	6.83
荔湾区	8035	8200	8047	9573	10 292	7.51	7.02
越秀区	11 661	12 421	11 867	12 484	12 611	1.02	2.04
海珠区	13 049	13 454	15 837	16 396	16 901	3.08	7.38
天河区	14 400	15 636	17 520	15 518	18 828	21.33	7.69
白云区	35 159	33 953	33 217	35 593	38 040	6.87	2.05
黄埔区	11 449	12 567	13 960	14 202	16 714	17.69	11.50
番禺区	25 925	26 836	28 797	31 995	34 933	9.18	8.69
花都区	10 689	10 973	11 829	13 046	16 606	27.29	13.84
南沙区	7972	7770	8151	11 509	12 765	10.91	15.03
从化区	12 673	10 547	10 862	7554	10 374	37.33	−4.54
增城区	23 268	27 054	31 598	25 260	33 863	34.06	11.38

2. 2020年，各区小学入学人数下降；2016—2020年间，两区出现年均负增长。2020年，全市各区小学入学人数均较2019年出现了不同程度的下降，其中天河区降幅最大，超过10%。2016—2020年间，九区的年均增长率为正，天河区和花都区年均增长率均为负。（见表1-1-3）

表1-1-3 2016—2020年全市各区小学入学人数变化情况

区域	人数/人					2020年较2019年增长率/%	年均增长率/%
	2016年	2017年	2018年	2019年	2020年		
全市	180 334	191 092	206 514	210 895	198 393	−5.93	2.50
荔湾区	9722	10 486	12 178	13 045	12 048	−7.64	5.98
越秀区	10 906	11 603	12 475	11 857	11 092	−6.45	0.43
海珠区	14 809	15 406	16 628	16 511	15 201	−7.93	0.66
天河区	20 075	20 305	22 656	22 446	19 756	−11.98	−0.40
白云区	27 350	29 346	30 389	31 159	29 470	−5.42	1.94
黄埔区	11 230	12 508	14 710	14 707	14 676	−0.21	7.67
番禺区	24 649	26 472	29 580	30 272	28 362	−6.31	3.77
花都区	27 047	26 995	25 315	26 078	24 727	−5.18	−2.14
南沙区	7784	8454	10 020	10 389	10 331	−0.56	8.18
从化区	9073	9926	11 349	12 323	11 188	−9.21	5.83
增城区	17 689	19 591	21 214	22 108	21 542	−2.56	5.45

3. 2020年，十区初中入学人数增长；2016—2020年间，各区年均增长率均为正。2020年，除花都区之外，全市其他十区初中入学人数较2019年均出现增长，其中南沙区、黄埔区增幅均超过10%。2016—2020年间，各区年均增长率均为正，增幅最大的三个区分别是黄埔区、荔湾区和南沙区。（见表1-1-4）

表1-1-4 2016—2020年全市各区初中入学人数变化情况

区域	人数/人					2020年较2019年增长率/%	年均增长率/%
	2016年	2017年	2018年	2019年	2020年		
全市	116 292	122 090	122 121	131 578	138 917	5.58	4.86
荔湾区	7626	8393	8608	9353	10 024	7.17	7.86
越秀区	10 394	11 417	10 711	12 586	12 724	1.10	5.60
海珠区	10 195	10 699	10 269	11 003	11 878	7.95	4.13
天河区	11 957	12 389	11 928	12 955	13 548	4.58	3.33
白云区	14 710	15 456	15 670	16 564	17 320	4.56	4.44
黄埔区	7394	7935	8176	8942	10 195	14.01	9.47

（续表）

区域	人数/人					2020年较2019年增长率/%	年均增长率/%
	2016年	2017年	2018年	2019年	2020年		
番禺区	16 069	16 657	16 671	17 738	19 097	7.66	4.71
花都区	15 499	16 201	15 815	15 960	15 827	−0.83	0.53
南沙区	5524	5635	5686	6175	7211	16.78	7.63
从化区	5967	6186	6810	7479	7719	3.21	7.34
增城区	10 957	11 122	11 777	12 823	13 374	4.30	5.51

4. 2020年，九区普通高中入学人数增长；2016—2020年间，八区出现年均负增长。2020年，除番禺区、从化区之外，全市其他九区普通高中入学人数较2019年均出现增长，其中南沙区增幅超过10%。2016—2020年间，八区出现年均负增长，只有南沙区、黄埔区和天河区年均增长率为正。（见表1-1-5）

表1-1-5 2016—2020年全市各区普通高中入学人数变化情况

区域	人数/人					2020年较2019年增长率/%	年均增长率/%
	2016年	2017年	2018年	2019年	2020年		
全市	58 260	54 406	524 01	53 127	54 360	2.32	−1.67
荔湾区	5294	5177	4895	4896	5105	4.27	−0.89
越秀区	9087	8994	8450	8419	8721	3.59	−1.01
海珠区	4674	4507	4236	4179	4312	3.18	−1.94
天河区	4629	4779	4690	4809	4858	1.02	1.24
白云区	5977	5893	4873	4784	5141	7.46	−3.50
黄埔区	2520	2625	2282	2641	2673	1.21	1.52
番禺区	8654	7987	8087	8253	8045	−2.52	−1.76
花都区	5052	4090	4324	4150	4163	0.31	−4.40
南沙区	2234	1989	2215	2150	2470	14.88	2.64
从化区	4009	3375	3213	3692	3643	−1.33	−2.28
增城区	6130	4990	5136	5154	5229	1.46	−3.67

5. 2020年，两区中职学校入学人数出现较大幅度增长；2016—2020年间，六区年均增长率为正。2020年，在中职学校入学人数总数负增长的背景下，荔湾区和海珠区中职学校入学人数较2019年出现了大幅度增长。2016—2020年间，六区年均增长率为正，荔湾区、番禺区和增城区年均增长率超过5%。（见表1-1-6）

表1-1-6 2016—2020年全市、区属各区中职学校入学人数变化情况

区域	人数/人					2020年较2019年增长率/%	年均增长率/%
	2016年	2017年	2018年	2019年	2020年		
市、区属	34 596	29 531	31 680	36 160	35 107	-2.91	0.37
荔湾区	360	349	304	401	651	62.34	20.21
越秀区	904	624	585	874	512	-41.42	-10.84
海珠区	948	820	907	353	832	135.69	-3.06
天河区	634	480	514	589	649	10.19	0.59
白云区	1353	1136	712	733	785	7.09	-10.50
黄埔区	815	644	800	771	854	10.77	1.20
番禺区	2691	3055	3152	3332	3430	2.94	6.87
花都区	1984	1465	1818	2065	1973	-4.46	-0.14
南沙区	567	450	598	712	630	-11.52	2.78
从化区	877	1109	615	783	800	2.17	-2.19
增城区	2513	2208	2369	2814	3070	9.10	5.54

二、各学段入学人数变化与城市常住人口变化协调度情况

本部分通过测算各学段入学人数增长率与城市常住人口年均增长率的离差系数来判断广州市各学段入学人数变化与城市常住人口变化的协调度。

（一）数据的选取

由于2020年广州市城市常住人口数据已更新至第七次全国人口普查数据，用于计算增长率不具有可比性，因此本报告选取了2010年（第六次全国人口普查）广州市城市常住人口数据进行比较，得出2010—2020年广州市城市常住人口年均增长率为3.93%。

（二）分析维度的选取

考虑到可比性和针对性，本报告选取了广州市2020年各学段入学人数增长率和2010—2020年各学段入学人数年均增长率两个维度来计算差异系数，判断协调度。

（三）协调度划分标准

借鉴城市规划中"城市人口—土地城镇化失调等级"划分类别，制定"城市常住人口—教

育协调度等级"划分类别，具体如下。（见表1-1-7）

表1-1-7　"城市常住人口—教育协调度等级"划分类别

失调等级	极度失调	严重失调	高度失调	中度失调	轻度失调	协调发展
$C_v^①$	>1.0	0.8～1.0	0.6～0.8	0.4～0.6	0.2～0.4	0～0.2

（四）分析结果

1. 广州市2020年小学和中职学校学段入学人数变化与城市常住人口变化极度失调。2020年，广州市幼儿园、小学、初中、普通高中、中职学校学段入学（园）人数较2019年的增长率分别为14.91%、−5.93%、5.58%、2.32%、−2.91%，广州市城市常住人口年均增长率为3.93%，二者的离差系数分别为0.82、6.98、0.25、0.36、9.51，失调等级分别为严重失调、极度失调、轻度失调、轻度失调、极度失调。需要说明的是，幼儿园、初中学段2020年入学（园）人数增长率明显高于城市常住人口年均增长率，其他学段2020年入学人数增长率均不同程度低于城市常住人口年均增长率。（见表1-1-8）

表1-1-8　2020年全市各学段入学人数变化与城市常住人口变化协调度情况

类别	学段				
	幼儿园	小学	初中	普通高中	中职学校
城市常住人口年均增长率/%	3.93	3.93	3.93	3.93	3.93
2020年入学人数增长率/%	14.91	−5.93	5.58	2.32	−2.91
离差系数	0.82	6.98	0.25	0.36	9.51
失调等级	严重失调	极度失调	轻度失调	轻度失调	极度失调

2. 广州市2010—2020年初中、普通高中、中职学校学段入学人数与城市常住人口变化极度失调。2010—2020年间，广州市幼儿园、小学、初中、普通高中、中职学校学段入学（园）人数年均增长率分别为7.45%、3.63%、0.58%、−1.09%、−2.88%，广州市城市常住人口年均增长率为3.93%，二者的离差系数分别为0.44、0.06、1.05、2.50、9.21，失调等级分别为中度失调、协调发展、极度失调、极度失调、极度失调。需要说明的是，幼儿园学段入园人数年均增长率明显高于城市常住人口年均增长率，其他学段入学人数年均增长率均不同程度地低于城市常住人口年均增长率。（见表1-1-9）

――――――――――

①当差异系数为临界点时，归入协调度高的类别。如当C_v=0.2时，在本报告中属于协调发展而不是轻度失调。

表1-1-9 2010—2020年全市各学段入学人数变化与城市常住人口变化协调度情况

类别	学段				
	幼儿园	小学	初中	普通高中	中职学校
城市常住人口年均增长率/%	3.93	3.93	3.93	3.93	3.93
入学人数年均增长率/%	7.45	3.63	0.58	−1.09	−2.88
离差系数	0.44	0.06	1.05	2.50	9.21
协调等级	中度失调	协调发展	极度失调	极度失调	极度失调

3. 广州市中小学学段入学人数变化与城市常住人口变化协调度明显低于基础教育入学人数变化与城市常住人口变化协调度，2020年尤其严重。2020年，广州市基础教育入学人数变化与城市常住人口变化协调发展，中小学学段入学人数变化与城市常住人口变化极度失调。2010—2020年，广州市基础教育入学人数变化与城市常住人口变化协调发展，中小学学段入学人数变化与城市常住人口变化中度失调。与中小学相比，基础教育入学人数变化与常住人口变化协调发展的原因在于幼儿园学段入园人数增长率明显高于城市常住人口年均增长率，出现反向失调现象，中和了中小学的失调度。（见表1-1-10）

表1-1-10 广州市中小学学段入学人数变化与城市常住人口变化协调度情况

学段	类别	年份	
		2020年	2010—2020年
中小学	离差系数	2.37	0.56
	协调等级	极度失调	中度失调
基础教育	离差系数	0.05	0.10
	协调等级	协调发展	协调发展

三、2020年极度失调学段入学人数变化原因分析

本部分从广州市产业及教育政策、教育统计数据、以往研究文献等方面对2020年小学和中职学校两个学段入学人数出现负增长，且与城市常住人口变化极度失调进行原因分析。

（一）小学学段

1. 进城务工人员随迁子女人数大幅减少是小学学段入学人数下滑的直接原因。2008年以

来，广州市产业结构调整，劳动密集型企业逐步外迁，进城务工人员人数出现减少，进城务工人员随迁子女人数也相应减少。教育统计数据显示，2020年广州市小学学段进城务工人员随迁子女入学人数为35 613人，比2019年减少9128人，环比下降20.40%，出现了大幅下降。这是造成小学学段入学人数下滑及小学学段入学人数变化与城市常住人口数变化极度失调的直接原因。

2. 随迁子女入学的便利性和公益性是影响小学学段入学人数变化的一个重要原因。第七次全国人口普查结果显示，广州市常住人口为1867.66万人，较2010年增长了47.05%。其中，非户籍常住人口937.88万人，较2010年增长了97%，户籍人口中净迁入人口98万人。可以说，广州市属于人口迁入型城市，随迁子女是重要的受教育群体。教育统计数据显示，2020年广州市小学学段随迁子女入学人数为69 227人，较2019年减少12 374人，环比下降15.16%，出现了大幅下降。这与常住人口数的增长不一致。对比分析，随迁子女入学的便利性和公益性可能是影响小学学段入学人数变化的一个重要原因。按照2016年出台的《广州市人民政府办公厅关于进一步做好来穗人员随迁子女接受义务教育工作的实施意见》（穗府办函〔2016〕174号）要求，广州市以统筹安排学位和积分制入学的方式解决随迁子女接受义务教育问题。统筹安排学位的条件包括符合政策性照顾借读条件，在申请所在区连续居住并缴纳社会保险费满5年、有稳定职业、符合计划生育政策等，这些条件限制了一部分随迁子女获得统筹安排学位。另外，随迁子女入读公办学校及政府购买学位的民办学校的比例体现了教育的公益性。教育数据显示，2020年广州市小学学段随迁子女在公办学校入读的比例为38.07%，远未达到政府履行教育职责的评估要求。

（二）中职学校学段

取消高职招收中职毕业生比例限制政策是2019年中职学校学段入学人数大幅提高的重要原因。中等职业教育的吸引力受多方面因素的影响，其中学生的升学渠道是否畅通是重要影响因素之一。2000年以来，国家加大教育改革力度，建立了中等和高等职业教育升学"直通车""立交桥"，但广东省一直贯彻高职招收中职升学比例不超过30%的政策，限制了中职学生的升学机会。2019年，《高职扩招专项工作实施方案》《广东省职业教育"扩容、提质、强服务"三年行动计划（2019—2021年）》相继发布，取消了高职招收中职毕业生的比例限制。教育统计数据显示，2019年广州市市、区属中职学校入学人数为36 160人，比2018年增加了14.14%，是2016—2020年间增幅最大的一年。这很可能与取消高职招收中职毕业生比例限制的政策、增加中等职业教育的吸引力有直接关系。

同时，由于2019年中职学校学段入学人数的大幅提高，2020年出现了2.91%的下滑也在情理之中。当然，中等职业教育的吸引力问题仍然是中职学校学段入学人数未能继续提高的根本原因。

四、政策建议

（一）优化各学段入学人数监测与招生计划调整相结合机制

各学段入学人数事关城市战略推进。广州市以推动高质量发展为核心，提出科技创新强市、现代制造业强市、现代服务业强市、人才强市、文化强市的城市发展战略，在人口流入、人才引进、入户政策等方面出台了配套政策。教育既是配套政策的重要部分，又是推进城市发展战略的直接力量，需立足于城市发展战略的高度予以重视。报告建议优化各学段入学人数监测与招生计划调整相结合机制，具体通过加强学位预警机制建设，开展年度入学人数监测，并将监测结果应用于下年度各学段招生计划的制定与调整，推动招生政策的修订与完善，最终实现教育资源的优化配置。

（二）完善政策推动随迁子女入学工作不断改进

首先，完善随迁子女接受义务教育政策。2016年出台的《广州市人民政府办公厅关于进一步做好来穗人员随迁子女接受义务教育工作的实施意见》（穗府办函〔2016〕174号）五年政策有效期已接近尾声，进一步修订完善或者制定相关政策，简化保障性入学条件，提高随迁子女接受义务教育的便利性势在必行。其次，根据全市和各区人口流入态势、随迁子女入学人数、市区政府教育财政负担等因素，制定相应的财政分担比例及实施细则，落实政府履行教育职责评估中关于随迁子女入读公办学校比例的要求（即"到2022年，义务教育阶段随迁子女在公办学校就读和政府购买民办学校学位的比例达到85%"），确保随迁子女接受义务教育的公益性。最后，加强对随迁子女异地升学考试制度的政策分析和研判，及时优化和完善相关细则，最终形成与常住人口相适应的教育保障体系。

（三）多渠道提升中等职业教育的吸引力

从广州地区全口径的中职学校入学人数变化情况来看，无论是市、区属中职学校，省部属中职学校，还是技工学校，入学人数近几年均出现了不同程度的下滑。在中职学校入学人数负增长的背景下，广州市各区属中职学校入学人数较上年增长了5.65%。2016—2020年，区属中职学校入学人数的年均增长率为0.97%，特别是荔湾区、番禺区、增城区年均增长率均超过5%。总结区属中职学校，特别是荔湾区、番禺区、增城区中职学校的办学经验，提炼广州本土中职学校办学特色，为接下来的发展储备力量。另外，重视政策影响力，切实将近年来各级政府颁布的职业教育政策落到实处，增强中等职业教育的吸引力。

广州市幼儿园入园人数变化分析报告

刘　霞[*]

基于2016—2020年广州市全市及各区幼儿园入园人数和常住人口数的变化，对广州市幼儿园入园人数变化情况及存在问题进行分析，并提出相应的政策建议。

一、广州市幼儿园入园人数变化情况分析

（一）全市幼儿园入园人数呈逐年递增态势，但年增速不均衡

由表1-2-1可见，2016—2020年间，全市幼儿园入园人数呈逐年递增态势。2020年全市幼儿园入园人数为22.19万人，较2016年增加了4.76万人，增幅为27.34%，年均净增1.19万人，年均增长率为5.37%。其中，2016—2020年间，全市幼儿园入园人数的环比增速不均衡，2019年至2020年环比增速最大（14.91%），2018年至2019年环比增速最小（0.75%）。

表1-2-1　2016—2020年全市幼儿园入园人数变化情况

类别	2016年	2017年	2018年	2019年	2020年
入园人数/人	174 280	179 411	191 685	193 130	221 927
环比增速/%	-	2.94	6.84	0.75	14.91

（二）各区（除从化区外）幼儿园入园人数增幅为正，但存在区域不均衡

由表1-2-2可见，2016—2020年间，海珠区、黄埔区、番禺区、花都区四个区幼儿园入园人数均呈逐年递增态势。2019—2020年间，各区幼儿园入园人数均出现增长，幼儿园入园人数增幅最大的前三个区分别是从化区（37.33%）、增城区（34.06%）和花都区（27.29%）；幼儿园入园人数增幅最小的三个区分别是越秀区（1.02%）、海珠区（3.08%）和白云区（6.87%）。

2016—2020年间，各区（除从化区外）幼儿园入园人数增幅为正，但增长存在区域不均

---

*刘霞，女，广州市教育研究院研究员，主要研究方向为学前教育基本理论、教育政策等。

衡。其中，幼儿园入园人数增加数最多的三个区分别是增城区（10 595人）、番禺区（9008人）和花都区（5917人），幼儿园入园人数增加数最少的三个区分别是从化区（-2299人）、越秀区（950人）和荔湾区（2257人）；幼儿园入园人数增幅最大的三个区分别是南沙区（60.12%）、花都区（55.36%）和黄埔区（45.99%），幼儿园入园人数增幅最小的三个区分别是从化区（-18.14%）、越秀区（8.15%）和白云区（8.19%）。

表1-2-2　2016—2020年全市及各区幼儿园入园人数变化情况

区域	人数/人					人数变化/人	人数增幅/%	2019—2020年增速/%
	2016年	2017年	2018年	2019年	2020年			
荔湾区	8035	8200	8047	9573	10 292	2257	28.09	7.51
越秀区	11 661	12 421	11 867	12 484	12 611	950	8.15	1.02
海珠区	13 049	13 454	15 837	16 396	16 901	3852	29.52	3.08
天河区	14 400	15 636	17 520	15 518	18 828	4428	30.75	21.33
白云区	35 159	33 953	33 217	35 593	38 040	2881	8.19	6.87
黄埔区	11 449	12 567	13 960	14 202	16 714	5265	45.99	17.69
番禺区	25 925	26 836	28 797	31 995	34 933	9008	34.75	9.18
花都区	10 689	10 973	11 829	13 046	16 606	5917	55.36	27.29
南沙区	7972	7770	8151	11 509	12 765	4793	60.12	10.91
从化区	12 673	10 547	10 862	7554	10 374	-2299	-18.14	37.33
增城区	23 268	27 054	31 598	25 260	33 863	10 595	45.53	34.06
全市	174 280	179 411	191 685	193 130	221 927	47 647	27.34	14.91

（三）各区幼儿园入园人数增速不均衡

由表1-2-3可见，2016—2020年间，各区幼儿园入园人数总增长率低于全市平均值（27.34%）的分别是从化区（-18.14%）、越秀区（8.15%）、白云区（8.19%）三个区。从区域比较的角度，2019—2020年间，幼儿园入园人数增幅最小的三个区分别是越秀区（1.02%）、海珠区（3.08%）和白云区（6.87%），2018—2019年间，幼儿园入园人数增幅最小的三个区分别是从化区（-30.45%）、增城区（-20.06%）和天河区（-11.43%），2017—2018年间，幼儿园入园人数增幅最小的三个区分别是越秀区（-4.46%）、白云区（-2.17%）和荔湾区（-1.87%）。2016—2020年间，幼儿园入园人数年均增长率最高的三个区分别是南沙区（15.03%）、花都区（13.84%）和黄埔区（11.50%），幼儿园入园人数年均增长率最低的三个区分别是从化区（-4.54%）、越秀区（2.04%）和白云区（2.05%）。

表1-2-3 2016—2020年全市及各区幼儿园入园人数增长率情况

单位：%

区域	2016—2017年	2017—2018年	2018—2019年	2019—2020年	总增长率	年均增长率
荔湾区	2.05	−1.87	18.96	7.51	28.09	7.02
越秀区	6.52	−4.46	5.20	1.02	8.15	2.04
海珠区	3.10	17.71	3.53	3.08	29.52	7.38
天河区	8.58	12.05	−11.43	21.33	30.75	7.69
白云区	−3.43	−2.17	7.15	6.87	8.19	2.05
黄埔区	9.77	11.08	1.73	17.69	45.99	11.50
番禺区	3.51	7.31	11.11	9.18	34.75	8.69
花都区	2.66	7.80	10.29	27.29	55.36	13.84
南沙区	−2.53	4.90	41.20	10.91	60.12	15.03
从化区	−16.78	2.99	−30.45	37.33	−18.14	−4.54
增城区	16.27	16.80	−20.06	34.06	45.53	11.38
全市	2.94	6.84	0.75	14.91	27.34	6.83

（四）各区幼儿园入园人数占比差异较大，存在区域结构不平衡

由表1-2-4可见，2016—2020年间，各区幼儿园入园人数在全市幼儿园入园总人数的平均占比，最高的三个区分别是白云区（18.40%）、番禺区（15.43%）和增城区（14.65%）。幼儿园入园人数占比增幅最大的三个区分别是增城区（1.91%）、花都区（1.35%）和南沙区（1.18%），白云区（−3.03%）、从化区（−2.60%）和越秀区（−1.01%）三个区幼儿园入园人数占比下降。

表1-2-4 2016—2020年各区幼儿园入园人数占比变化情况

单位：%

区域	2016年	2017年	2018年	2019年	2020年	平均占比	占比变化
荔湾区	4.61	4.57	4.20	4.96	4.64	4.59	0.03
越秀区	6.69	6.92	6.19	6.46	5.68	6.39	−1.01
海珠区	7.49	7.50	8.26	8.49	7.62	7.87	0.13
天河区	8.26	8.72	9.14	8.04	8.48	8.53	0.22
白云区	20.17	18.92	17.33	18.43	17.14	18.40	−3.03
黄埔区	6.57	7.00	7.28	7.35	7.53	7.15	0.96
番禺区	14.88	14.96	15.02	16.57	15.74	15.43	0.87
花都区	6.13	6.12	6.17	6.76	7.48	6.53	1.35
南沙区	4.57	4.33	4.25	5.96	5.75	4.97	1.18

（续表）

区域	2016年	2017年	2018年	2019年	2020年	平均占比	占比变化
从化区	7.27	5.88	5.67	3.91	4.67	5.48	−2.60
增城区	13.35	15.08	16.48	13.08	15.26	14.65	1.91

二、广州市幼儿园入园人数变化与常住人口数变化的协调程度分析

基础教育资源的区域配置影响区域人口分布，人口分布的特征和变化反过来也影响着教育资源配置。分析区域教育资源增长与人口增长间的互动关系，能够揭示教育资源配置中存在的不足。

（一）研究方法

各年度幼儿园入园人数能直接客观地反映各区域的教育资源实际容量和教育机会可获得性，本研究以各年度幼儿园入园人数来表征学前教育资源的供给状况。早在2011年，上海市就提出以常住人口为基数配置基础教育资源，本研究选取2016—2020年广州市全市及各区常住人口数作为人口增长数据。借鉴邹晖等人[①]用基础教育人口和城市总人口数据构建表征基础教育人口和城市人口增长差异的离差系数的方法，本研究用幼儿园入园人数增长率和常住人口增长率的离差系数度量学前教育供给与人口增长之间的协调程度。

离差系数的公式如下：

$$C_v = \frac{SD}{M} \times 100\%$$

$$= \frac{\sqrt{\frac{1}{2}\left[\left(P - \frac{P+L}{2}\right)^2 + \left(L - \frac{P+L}{2}\right)^2\right]}}{\frac{P+L}{2}}$$

$$= \frac{P-L}{P+L}$$

（公式中C_v为离差系数，SD代表标准差，M是平均值，P表示常住人口数增长率，L表示幼儿园入园人数增长率）

---

①邹晖，左为.京津冀基础教育供给与人口增长失衡特征研究［D］.持续发展理性规划——2017中国城市规划年会论文集（16区域规划与城市经济）［A］.2017-11-18：815-826.

离差系数反映幼儿园入园人数增长速度与常住人口数增长速度的差异。离差系数越小，"入园人数—常住人口数"失调性越小，说明两者增长速率大致相当，"入园人数—常住人口数"增长呈现"适配"特征。反之，离差系数越大，幼儿园入园人数和常住人口数的增长速度差异就越大，学前教育资源配置失调程度就越高。借鉴已有研究成果[①]，拟定出如下"入园人数—常住人口数"失调等级分类评价标准。（见表1-2-5）

表1-2-5 "入园人数—常住人口数"失调等级分类评价标准

失调等级	极度失调	严重失调	高度失调	中度失调	轻度失调	协调发展
C_v	>1.0	0.8～1.0	0.6～0.8	0.4～0.6	0.2～0.4	0～0.2

（二）协调程度分析

1. 全市幼儿园入园人数与常住人口数增长总体呈协调发展，但各年度协调发展程度不均衡。

由表1-2-6可见，2016—2020年间，全市"入园人数—常住人口数"离差系数为0.09，属于"协调发展"等级，说明全市幼儿园入园人数增长与常住人口数增长整体上发展协调，学前教育资源配置基本满足常住人口增长的速度。

需要注意的是，2016—2020年间，全市"入园人数—常住人口数"离差系数由2016—2017年的0.05增加至2019—2020年的0.19，说明幼儿园入园人数与常住人口数的增长偏差越来越大，幼儿园入园人数与常住人口数失调程度在加剧。其中，2017—2018年与2018—2019年离差系数绝对值均高于0.4，处于"中度失调"等级，但失调情况不同。2017—2018年离差系数为负数（-0.42），说明该年度幼儿园入园人数增幅大于常住人口数增幅；2018—2019年离差系数为0.56，说明该年度幼儿园入园人数增长滞后于常住人口数增长。

表1-2-6 2016—2020年全市"入园人数—常住人口数"协调程度情况

类别	2016—2017年	2017—2018年	2018—2019年	2019—2020年	2016—2020年
常住人口数增长率/%	3.24	2.80	2.69	22.02	32.99
入园人数增长率/%	2.94	6.84	0.75	14.91	27.34
C_v	0.05	-0.42	0.56	0.19	0.09
失调等级	协调发展	中度失调	中度失调	协调发展	协调发展

2. 各区幼儿园入园人数与常住人口数增长协调程度不一，区域差异明显。

由表1-2-7可见，2016—2020年间，常住人口数方面，越秀区出现负增长，其他10个区都有

① 尹宏玲，徐腾.我国城市人口城镇化与土地城镇化失调特征及差异研究［J］.城市规划学刊，2013（2）：10-15.

不同程度的增长，其中番禺区、花都区、白云区三个区增长较快；幼儿园入园人数方面，从化区出现负增长，其他10个区都有不同程度的增长，其中南沙区、花都区、黄埔区三个区增长较快。

各区按"入园人数—常住人口数"失调等级进行划分，处于"极度失调"等级的有越秀区和从化区两个区。越秀区在常住人口数减少的情况下，幼儿园入园人数却呈增长态势，"入园人数—常住人口数"离差系数为7.79；从化区在常住人口数增加的情况下，幼儿园入园人数却呈减少态势，"入园人数—常住人口数"离差系数为-6.02。处于"高度失调"等级的有白云区。白云区常住人口数增长率远高于幼儿园入园人数增长率，"入园人数—常住人口数"离差系数为0.73。处于"轻度失调""中度失调"等级的有增城区、番禺区、海珠区、黄埔区、南沙区五个区。处于"协调发展"状态的有荔湾区、天河区、花都区三个区。由数据分析可见，广州"入园人数—常住人口数"失调性区域特征差异明显，要特别关注老城区如越秀区、白云区以及非中心城区如从化区。

表1-2-7　2016—2020年各区"入园人数—常住人口数"协调程度情况

区域	常住人口数增长率/%	入园人数增长率/%	C_v	失调等级
荔湾区	33.87	28.09	0.09	协调发展
越秀区	-10.55	8.15	7.79	极度失调
海珠区	11.06	29.52	0.45	中度失调
天河区	37.45	30.75	0.10	协调发展
白云区	53.28	8.19	0.73	高度失调
黄埔区	16.80	45.99	0.46	中度失调
番禺区	61.99	34.75	0.28	轻度失调
花都区	55.69	55.36	0.00	协调发展
南沙区	23.16	60.12	0.44	中度失调
从化区	12.97	-18.14	-6.02	极度失调
增城区	28.03	45.53	0.24	轻度失调

三、政策建议

（一）动态调整学前教育资源配置总量，更有效地解决"入园难"问题

从以上数据分析可以看出，2016—2020年间，广州市幼儿园入园人数增长与常住人口数增

长整体上发展协调，学前教育资源配置满足了常住人口增长的速度。这说明近五年来广州市在保障学前教育资源供给总量、解决"入园难"问题方面取得了较好的成绩。需要注意的是，2016—2020年间，全市"入园人数—常住人口数"离差系数在加大，由0.05增加至0.19，说明"入园人数—常住人口数"的偏差越来越大，"入园人数—常住人口数"失调程度在加剧。其中，2017—2018年与2018—2019年这两个年度"入园人数—常住人口数"处于"中度失调"等级。上述情况提醒有关政府部门，为更有效地解决"入园难"问题，要动态调整学前教育资源配置总量，努力实现供需动态平衡。

（二）适时增加学前教育资源配置，继续解决"局部入园难"问题

如上所述，全市各区幼儿园入园人数与常住人口数增长协调程度不一，区域差异明显。其中，"入园人数—常住人口数"差异系数分别处于"极度失调"和"高度失调"等级的从化区和白云区，幼儿园入园人数增速远滞后于常住人口增速，提示这两个区要加快幼儿园建设速度，增加学前教育资源配置。由此可见，"局部入园难"问题仍然存在，这提醒各区政府要根据区域常住人口变化，结合各区学前教育资源现有存量，适时增加学前教育资源的配置数量。

（三）加快学前教育资源布局调整，着力解决"就近入园难"问题

通过数据分析，本研究发现，存在"跨区入园"的现象。例如，2016—2020年间，"入园人数—常住人口数"差异系数分别处于"极度失调"和"中度失调"等级的越秀区和海珠区，幼儿园入园人数增速均高于该区常住人口数增速。2018年，广州市教育研究院针对28 468名幼儿家长的问卷调查结果显示，大部分家长（占比27.6%）将"距离"作为选择幼儿园的首要考虑因素，说明幼儿家长对"就近入园"[1]有着非常强烈的需求。其中，针对"如果步行接送孩子，单程一般用时"的问卷选项，42.2%的幼儿家长单程步行用时超过15分钟，高达16.0%的幼儿家长单程步行用时达30分钟以上，说明有超过40%的幼儿未能实现"就近入园"。教育部等四部门联合发布的《关于实施第三期学前教育行动计划的意见》中提出"注重科学规划"的基本原则，要求"充分考虑人口政策调整和城镇化进程的需要，优化幼儿园布局。……保障大多数适龄儿童就近接受学前教育"。综上所述，广州市要加快学前教育资源布局调整，着力解决"就近入园难"问题。

---

[1]相关文件规定，幼儿园服务半径原则上不超过500米。以单程步行时间计算家庭和幼儿园之间的距离的话，时间在15分钟以内为满足了幼儿的就近入园需求。

广州市义务教育入学人数变化分析报告

李柯柯 郭海清[*]

基于第六、七次全国人口普查数据与2016—2020年间广州市义务教育学段入学数据，分析广州市义务教育学段入学人数变化情况及入学人数变化与常住人口数变化的协调情况，并结合城市发展战略及相关政策，提出相应政策建议。

一、广州市义务教育入学人数变化趋势分析

（一）全市义务教育入学人数变化趋势分析

1. 总体情况。2016—2020年间，全市义务教育入学人数由2016年的29.66万人增长至2020年的33.73万人，增长4.07万人，增幅为13.72%，年均增长率为3.43%。2020年全市义务教育入学人数较2019年增长率最高出现在初中学段，为5.58%。（见表1-3-1）

2. 小学阶段。2016—2020年间，小学入学人数由2016年的18.03万人增长至2020年的19.84万人，增长1.81万人，增幅为10.01%，年均增长率为2.50%。其中，2016—2019年间，小学入学人数逐年增加，2020年入学人数较2019年有所下降。全市小学入学人数环比增幅最高出现在2018年，为8.07%；2020年入学人数较2019年环比下降5.93%。

3. 初中阶段。2016—2020年间，初中入学人数由2016年的11.63万人增长至2020年的13.89万人，增长2.26万人，增幅为19.46%，年均增长率为4.86%。全市初中入学人数环比增幅最高出现在2019年，为7.74%；2020年入学人数较2019年环比增长了5.58%。

---

*李柯柯，女，教育学博士，广州市教育研究院副研究员，主要研究方向为基础教育政策、教育基本理论等。郭海清，男，广州市教育研究院副研究员，主要研究方向为教育史、教育政策等。

表1-3-1 2016—2020年广州市全市义务教育入学人数变化情况

学段	人数/人					2020年较2019年增长率/%	年均增长率/%
	2016年	2017年	2018年	2019年	2020年		
小学	180 334	191 092	206 514	210 895	198 393	−5.93	2.50
初中	116 292	122 090	122 121	131 578	138 917	5.58	4.86
合计	296 626	313 182	328 635	342 473	337 310	−1.51	3.43

（二）各区义务教育入学人数变化趋势分析

1. 总体情况。2016—2020年间，全市除花都区外，其余10个区的义务教育入学人数均有所增长。从年均增长率来看，增长率最高的三个区分别是黄埔区（8.39%）、南沙区（7.95%）、荔湾区（6.81%），花都区则呈负增长，为−1.17%。（见表1-3-2）

2. 小学阶段。2016—2020年间，11个区的小学入学人数年均增长率最高的三个区分别是南沙区（8.18%）、黄埔区（7.67%）、荔湾区（5.98%），花都和天河区则呈负增长，分别为−2.14%、−0.40%。11个区2020年较2019年入学人数环比增长均为负值，其中降幅最大的两个区分别是天河区（−11.98%）和从化区（−9.21%）。（见表1-3-3）

3. 初中阶段。2016—2020年间，11个区的初中入学人数年均增长率最高的三个区分别是黄埔区（9.47%）、荔湾区（7.86%）、南沙区（7.63%），增长率最低的是花都区（0.53%）。11个区2020年较2019年入学人数环比增长最高的两个区分别是南沙区（16.78%）与黄埔区（14.01%）。（见表1-3-4）

表1-3-2 2016—2020年广州市各区义务教育入学人数变化情况

区域	人数/人					2020年较2019年增长率/%	年均增长率/%
	2016年	2017年	2018年	2019年	2020年		
荔湾区	17 348	18 879	20 786	22 398	22 072	−1.46	6.81
越秀区	21 300	23 020	23 186	24 443	23 816	−2.57	2.95
海珠区	25 004	26 105	26 897	27 514	27 079	−1.58	2.07
天河区	32 032	32 694	34 584	35 401	33 304	−5.92	0.99
白云区	42 060	44 802	46 059	47 723	46 790	−1.96	2.81
黄埔区	18 624	20 443	22 886	23 649	24 871	5.17	8.39
番禺区	40 718	43 129	46 251	48 010	47 459	−1.15	4.14
花都区	42 546	43 196	41 130	42 038	40 554	−3.53	−1.17

（续表）

区域	人数/人					2020年较2019年增长率/%	年均增长率/%
	2016年	2017年	2018年	2019年	2020年		
南沙区	13 308	14 089	15 706	16 564	17 542	5.90	7.95
从化区	15 040	16 112	18 159	19 802	18 907	−4.52	6.43
增城区	28 646	30 713	32 991	34 931	34 916	−0.04	5.47

表1-3-3　2016—2020年广州市各区小学入学人数变化情况

区域	人数/人					2020年较2019年增长率/%	年均增长率/%
	2016年	2017年	2018年	2019年	2020年		
荔湾区	9722	10 486	12 178	13 045	12 048	−7.64	5.98
越秀区	10 906	11 603	12 475	11 857	11 092	−6.45	0.43
海珠区	14 809	15 406	16 628	16 511	15 201	−7.93	0.66
天河区	20 075	20 305	22 656	22 446	19 756	−11.98	−0.40
白云区	27 350	29 346	30 389	31 159	29 470	−5.42	1.94
黄埔区	11 230	12 508	14 710	14 707	14 676	−0.21	7.67
番禺区	24 649	26 472	29 580	30 272	28 362	−6.31	3.77
花都区	27 047	26 995	25 315	26 078	24 727	−5.18	−2.14
南沙区	7784	8454	10 020	10 389	10 331	−0.56	8.18
从化区	9073	9926	11 349	12 323	11 188	−9.21	5.83
增城区	17 689	19 591	21 214	22 108	21 542	−2.56	5.45

表1-3-4　2016—2020年广州市各区初中入学人数变化情况

区域	人数/人					2020年较2019年增长率/%	年均增长率/%
	2016年	2017年	2018年	2019年	2020年		
荔湾区	7626	8393	8608	9353	10 024	7.17	7.86
越秀区	10 394	11 417	10 711	12 586	12 724	1.10	5.60
海珠区	10 195	10 699	10 269	11 003	11 878	7.95	4.13
天河区	11 957	12 389	11 928	12 955	13 548	4.58	3.33
白云区	14 710	15 456	15 670	16 564	17 320	4.56	4.44
黄埔区	7394	7935	8176	8942	10 195	14.01	9.47
番禺区	16 069	16 657	16 671	17 738	19 097	7.66	4.71
花都区	15 499	16 201	15 815	15 960	15 827	−0.83	0.53
南沙区	5524	5635	5686	6175	7211	16.78	7.63
从化区	5967	6186	6810	7479	7719	3.21	7.34
增城区	10 957	11 122	11 777	12 823	13 374	4.30	5.51

二、广州市义务教育入学人数变化原因分析

（一）户籍出生人口数变化影响入学人数

按照儿童一般6岁入读小学来计算，2016—2020年符合入读小学的户籍学生数[①]要追溯到2010—2014年的出生人口。根据表1-3-5，2010—2013年广州户籍出生人口数逐年增加，六年后的2016—2019年小学入学人数也逐年增加；2014年广州户籍出生人口数减少，六年后的2020年小学入学人数也相应减少。可见，广州户籍出生人口数变化与小学入学人数变化趋势一致。按照儿童一般12岁入读初中来计算，2016—2020年符合入读初中的户籍学生数[②]要追溯到2004—2008年的出生人口。根据表1-3-6，2004—2008年广州户籍出生人口数先减后增，十二年后的2016—2020年初中入学人数则逐年增加。可见，广州户籍出生人口数变化与初中入学人数变化趋势不尽一致。

上述变化趋势表明，入学人数的增加或减少，一定程度上受到了6/12年前户籍出生人口数量增加或减少的影响，同时需要警惕是否有适龄学童流出的因素。

表1-3-5　2016—2020年广州市小学入学人数推算相关数据

出生年份	户籍出生人口数/人	小学入学年份	小学入学人数/人
2010年	99 779	2016年	180 334
2011年	87 024	2017年	191 092
2012年	101 782	2018年	206 514
2013年	115 813	2019年	210 895
2014年	113 926	2020年	198 393

表1-3-6　2016—2020年广州市初中入学人数推算相关数据

出生年份	户籍出生人口数/人	初中入学年份	初中入学人数/人
2004年	69 928	2016年	116 292
2005年	65 840	2017年	122 090
2006年	67 662	2018年	122 121

[①] 从严格意义上来讲，2016年至2020年入读小学的适龄儿童出生日期应为截至当年8月31日、年满6周岁的适龄儿童。如2016年入读小学的适龄儿童出生日期应为2009年9月1日至2010年8月31日。此处推算方法按照绝对自然年，即2016年入读小学的适龄儿童出生日期为2010年1至12月，2017年入读小学的适龄儿童出生日期为2011年1至12月，以此类推。

[②] 从严格意义上来讲，2016年至2020年入读初中的适龄儿童出生日期应为截至当年8月31日、年满12周岁的适龄儿童。如2016年入读初中的适龄儿童出生日期应为2003年9月1日至2004年8月31日。此处推算方法按照绝对自然年，即2016年入读初中的适龄儿童出生日期为2004年1至12月，2017年入读初中的适龄儿童出生日期为2005年1至12月，以此类推。

（续表）

出生年份	户籍出生人口数/人	初中入学年份	初中入学人数/人
2007年	71 332	2019年	131 578
2008年	79 130	2020年	138 917

（二）常住人口数变化影响入学人数①

常住人口数的持续增加对广州义务教育入学人数的变化带来一定的冲击，但存在极大的不确定性。比如，来穗务工人员一开始大量涌入，几年后，因为户籍、房价、子女入学政策等因素的影响，不得不离开广州，迁往落户政策、房价等因素更友好的城市定居并让子女接受教育。2016—2020年间，广州市常住人口数增加了463.31万人，年均增长率为8.25%。常住人口数的增加并没有导致义务教育入学人数的绝对增加。2016—2019年间，广州市义务教育入学人数逐年增长，但2020年则有所下降，主要表现在小学入学人数的下降。其中，除越秀区以外的10个区五年内常住人口数持续增加，但义务教育阶段的招生人数在保持前四年增长的基础上，2020年却有所下降，主要表现在小学入学人数的下降。上述情况印证了常住人口数与义务教育入学人数的变化有相关性，但并不是绝对的。此外，从2016—2020年来穗人员随迁子女入学人数变化来看，小学阶段随迁子女入学人数在2016—2017年间逐步增加，2018年开始下降，2020年下降幅度最大，2020年相较于2019年减少了12 374人，降幅为15.16%。初中阶段随迁子女入学人数在2016—2018年间逐步增加，2019年开始下降，2020年下降幅度最大，2020年相较于2019年减少了4733人，降幅为9.32%。

表1-3-7　2016—2020年广州市全市及各区年末常住人口数情况

区域	人口数/万人				
	2016年	2017年	2018年	2019年	2020年
全市	1404.35	1449.84	1490.44	1530.59	1867.66
荔湾区	92.50	95.00	97.00	101.20	123.83
越秀区	116.11	116.38	117.89	120.97	103.86
海珠区	163.79	166.31	169.36	172.42	181.90
天河区	163.10	169.79	174.66	178.85	224.18
白云区	244.19	257.24	271.43	277.96	374.30

---

①由于广东省教育信息平台关闭，目前无法获知2016年至2020年间来穗人员随迁子女入学数据。后续会根据来穗人员随迁子女入学人数变化作进一步分析。

（续表）

区域	人口数/万人				
	2016年	2017年	2018年	2019年	2020年
黄埔区	108.26	109.10	111.41	115.12	126.44
番禺区	164.11	171.93	177.70	182.78	265.84
花都区	105.49	107.55	109.26	110.72	164.24
南沙区	68.74	72.50	75.17	79.61	84.66
从化区	63.53	64.21	64.71	64.95	71.77
增城区	114.53	119.83	121.85	126.01	146.63

表1-3-8　2016—2020年义务教育阶段来穗人员随迁子女入学人数情况

学段	人数/人				
	2016年	2017年	2018年	2019年	2020年
小学	80 988	85 921	85 735	81 601	69 227
初中	47 756	50 358	51 082	50 766	46 033

（三）义务教育入学政策影响入学人数

为保障来穗人员子女平等享有义务教育的权利，广州市出台了一系列优惠政策。如2016年出台《广州市人民政府办公厅关于进一步做好来穗人员随迁子女接受义务教育工作的实施意见》（穗府办函〔2016〕174号），明确广州市以保障性入学和积分制入学的方式，解决来穗人员随迁子女接受义务教育等问题。相对宽松的入学政策，吸引了一大批人才落户广州，外来人口的涌入带来了适龄入学人口数的变化，也就影响了入学人数。

（四）集团化办学政策影响入学人数

从各区现有①市属教育集团数量来看，荔湾区、黄埔区市属教育集团最多，均为7个，越秀区、番禺区、南沙区次之，均为5个。集团化办学使得家门口的"好学校"增多，许多人不再舍近求远，跨区"择校"。如2016—2020年间，南沙区、黄埔区义务教育入学人数持续增加，与家门口的"好学校"增多有一定的相关性。此外，南沙区、黄埔区近五年义务教育入学人数的增加，还与当地区域定位、产业发展、引才计划、工资福利待遇的提高等因素相关。

---

①统计时间截至2020年6月。

表1-3-9　广州市各区市属教育集团布局现状（截至2020年6月）

区域	现有市属教育集团数量/个
越秀区	5
荔湾区	7
海珠区	3
天河区	1
白云区	4
黄埔区	7
花都区	3
番禺区	5
南沙区	5
从化区	3
增城区	4

三、政策建议

（一）适应人口变化趋势，保障义务教育学位供给

作为人口净流入的超大城市，"十四五"期间广州市义务教育学位供给将面临比"十三五"时期更大的压力与挑战，部分区域义务教育学位趋紧现象预计更加严峻。面对阶段性、区域性学位供给压力，广州要提前谋划：一是做好增量，新建一批中小学校，不断增加义务教育学位供给。要加快学位预警机制建设，深入调研和精准测算未来5～10年的学位需求量，保障学位满足总体需求和阶段性需求。依据中小学建设标准，动态分析教育设施用地的供需状况，预留足够的义务教育学校用地，确保城镇学校建设用地需要。以旧城改造、新区建设为契机，适度超前规划布局义务教育资源，高水平规划建设学校。二是盘活存量，改建或扩建一批中小学校，提高原有学校学位资源的利用率。加强学区内、学校间的资源共享。综合考虑小学、初中、高中入学高峰的动态变化，建立各学段用地用房腾挪调配机制，优先保障学位紧张学段的需求，应对不同时期的入学高峰。三是科学合理布局义务教育学校。按照广州市城市发展规划、常住人口规模、学龄人口变化趋势和基本公共服务均等化的要求，构建起适应人口流动的教育资源配置机制。统筹考虑中心城区、非中心城区等不同区域的教育需求和特点。突出重点，分区实施，对人口密集地区、教育资源短板地区、重点功能区和人才聚集区因地制宜做

好学校规划，合理配置义务教育资源。

（二）继续落实好来穗人员随迁子女入学政策，保障入学机会均等

2020年，广州市常住人口数为1867.66万人，较2019年增加337.07万人。随着常住人口数的增长，来穗人员随迁子女教育需求也自然会增加。为此，广州市应继续完善来穗随迁子女入学政策，落实以居住证为主要依据的入学政策，努力实现各区"以公办学校为主"安排随迁子女入学，使符合条件的随迁子女能够应入尽入。与此同时，进一步完善政府购买学位政策，特别是将随迁子女占比较高的民办学校优先纳入政府购买学位范围。进一步完善随迁子女异地升学考试制度。

（三）继续推进集团化办学，提高义务教育质量

随着广州市经济社会的发展和人民群众生活水平的提高，人民对优质义务教育的需求日益增长。未来应不断创新集团化办学体制机制，盘活资源，以委托管理、特许办学等方式，鼓励有资质的中小学校、高校、教科研机构、社会团体等力量参与集团化办学，不断满足人民群众教育需求的个性化和多元化趋势。在教育供给规模、结构和质量上要因时而动、因势而变，不断提高优质学位供给，使老百姓在家门口就能上到"好学校"。

广州市普通高中入学人数变化分析报告

陈发军*

根据2016—2020年广州市常住人口数、广州市全市及各区普通高中入学人数情况，对广州市普通高中入学人数变化情况及其原因进行分析，并以此为基础提出政策建议。

一、广州市普通高中入学人数变化情况

广州市全市普通高中入学人数从2016年的58 260人变化到2020年的54 360人，减少了3900人，年平均增长率为−1.67%。2016—2020年间，花都区、增城区、白云区的年平均增长率为负数，分别为−4.40%、−3.67%、−3.50%；南沙区、黄埔区、天河区的年平均增长率位列前三，分别为2.64%、1.52%、1.24%。从绝对数量上看，增城区、花都区、白云区普通高中入学人数下降最多，分别为901人、889人、836人；只有南沙区、天河区、黄埔区三个区普通高中入学人数上升，分别为236人、229人、153人。（见表1-4-1，图1-4-1）

表1-4-1　2016—2020年广州市普通高中入学人数变化情况

区域	人数/人					变化人数/人	年平均增长率/%
	2016年	2017年	2018年	2019年	2020年		
全市	58 260	54 406	52 401	53 127	54 360	−3900	−1.67
荔湾区	5294	5177	4895	4896	5105	−189	−0.89
越秀区	9087	8994	8450	8419	8721	−366	−1.01
海珠区	4674	4507	4236	4179	4312	−362	−1.94
天河区	4629	4779	4690	4809	4858	229	1.24
白云区	5977	5893	4873	4784	5141	−836	−3.50
黄埔区	2520	2625	2282	2641	2673	153	1.52
番禺区	8654	7987	8087	8253	8045	−609	−1.76

*陈发军，男，广州市教育研究院研究员，教师教学能力发展研究所副所长（主持工作），主要研究方向为教育政策和教育战略规划。

(续表)

区域	人数/人					变化人数/人	年平均增长率/%
	2016年	2017年	2018年	2019年	2020年		
花都区	5052	4090	4324	4150	4163	−889	−4.40
南沙区	2234	1989	2215	2150	2470	236	2.64
从化区	4009	3375	3213	3692	3643	−366	−2.28
增城区	6130	4990	5136	5154	5229	−901	−3.67

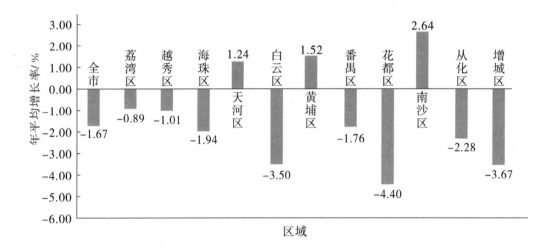

图1-4-1 2016—2020年广州市普通高中入学人数年平均增长率

二、广州市初中毕业生人数变化情况

广州市全市初中毕业生人数从2016年的114 105人变化到2020年的114 643人，增加了538人，年平均增长率为0.12%。2016—2020年间，黄埔区、花都区、南沙区三个区初中毕业生年平均增长率位列前三，分别为5.55%、4.02%、3.08%；从化区、海珠区、白云区三个区的年平均增长率均为负数，分别为−6.16%、−1.62%、−1.35%。从绝对数量上看，花都区、黄埔区、番禺区初中毕业生人数上升最多，均破千，分别为1911人、1370人、1225人；从化的初中毕业生人数下降最多，为1968人。

表1-4-2 2016—2020年广州市初中毕业生人数变化情况

区域	人数/人					变化人数/人	年平均增长率/%
	2016年	2017年	2018年	2019年	2020年		
全市	114 105	102 582	101 062	107 563	114 643	538	0.12

（续表）

区域	人数/人					变化人数/人	年平均增长率/%
	2016年	2017年	2018年	2019年	2020年		
荔湾区	8055	7028	7084	7204	8027	−28	−0.09
越秀区	11 163	10 447	9269	10 332	11 209	46	0.10
海珠区	11 054	9779	9702	9699	10 337	−717	−1.62
天河区	12 240	10 990	10 975	11 333	11 610	−630	−1.29
白云区	15 499	13 321	13 096	13 813	14 664	−835	−1.35
黄埔区	6176	6524	6631	6829	7546	1370	5.55
番禺区	14 167	13 423	13 845	14 450	15 392	1225	2.16
花都区	11 876	11110	11 865	12 862	13 787	1911	4.02
南沙区	4825	4762	4911	5229	5419	594	3.08
从化区	7990	5972	4901	5745	6022	−1968	−6.16
增城区	11 060	9226	8783	10 067	10 630	−430	−0.97

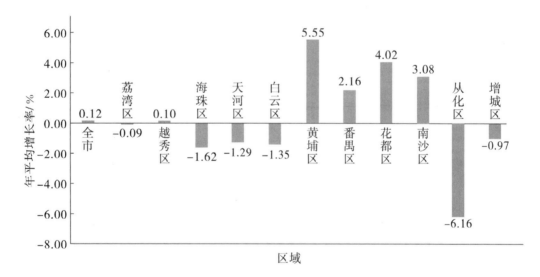

图1-4-2　2016—2020年广州市初中毕业生人数年平均增长率

三、广州市全市普通高中入学人数与初中毕业生人数变化趋势分析

从图1-4-3来看，2016—2020年，广州市全市普通高中入学人数与初中毕业生人数变化趋势基本保持一致。

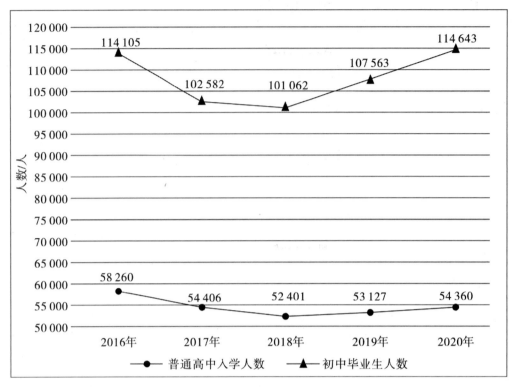

图1-4-3　2016—2020年广州市全市普通高中入学人数与初中毕业生人数变化趋势

从图1-4-4来看，广州市全市普通高中入学人数占初中毕业生人数比例在2017年达到最高值53.04%后逐年缓慢降低，2020年降至47.42%。整体而言，广州市全市普通高中入学人数占初中毕业生人数比例基本保持在50%左右，上下浮动幅度在±3%左右，符合初中毕业生升入普通高中和职业高中人数相当的标准。

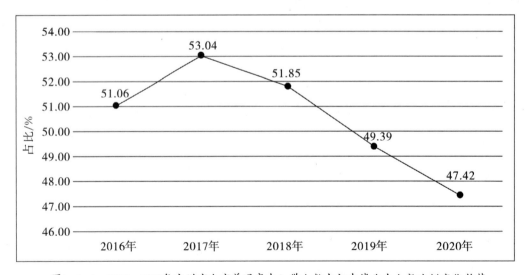

图1-4-4　2016—2020年广州市全市普通高中入学人数占初中毕业生人数比例变化趋势

四、广州市普通高中入学人数变化原因分析

广州市普通高中入学人数主要取决于普通高中学校所能提供的学位数量，其次还取决于学生对不同层次普通高中学校的信任度。其中，学位数量主要由市直属、各区属普通高中根据区域初中毕业生人数提前进行预测和规划所决定。

（一）产业结构调整影响了来穗务工人员随迁子女初中毕业生人数

2008年，中共广东省委、广东省人民政府出台了《关于推进产业转移和劳动力转移的决定》（以下简称《决定》）和8个配套文件等一系列政策措施，提出推进产业转移和劳动力转移的"双转移"战略，指出在未来5年投入500亿元人民币，调整结构、升级产业、优化劳动力素质、提高人均GDP。《决定》还指出，珠三角各市要"依照国家产业政策，实行行业准入差别对待政策，提高产业的用地、能耗、水耗和污染物排放标准，提高劳动密集型产业准入门槛，积极转移部分低附加值劳动密集型产业"。在促进"双转移"方面，另一举措便是加快产业转移园区建设，使转移走的产业能够在东西两翼和北部山区的产业转移园中安居落户。2010年，中共广东省委、广东省人民政府出台了《关于加快经济发展方式转变的若干意见》（以下简称《意见》），提出要培育省内500强企业，拟通过提高重污染行业排污费、提高限制和淘汰类行业电价的方式，加快这些行业的淘汰速度。为实现区域协调发展，《意见》提出广东省将在未来五年中，每年安排5亿元财政用于省内欠发达地区产业转移园的建设。《意见》还鼓励珠三角合作方在园区一定范围、一定年限内，单独进行开发建设，并享受相关收益。

由于上述政策的持续推进，广州市劳动密集型企业逐步外迁，来穗进城务工人员开始逐步减少，造成2016—2018年初中毕业生人数减少。

（二）降低门槛的入户政策引起初中毕业生人数增长

自2018年以后，广州市初中毕业生人数又开始稳步增长。其主要原因是国家、广东省和广州市入户政策的影响所致。2017年3月31日，广东省根据《国务院办公厅关于印发推动1亿非户籍人口在城市落户方案的通知》（国办发〔2016〕72号）出台了《广东省推动非户籍人口在城市落户实施方案》（粤府办〔2017〕24号）。2017年12月30日，广州市人民政府办公厅印发《广州市推动非户籍人口在城市落户的实施方案》（穗府办函〔2017〕322号）等文件。2014年发布的《广州市人民政府印发关于加强我市人口调控和服务管理工作的意见及配套文件的通知》

（穗府〔2014〕10号）主要倾向是限制人口流入超大城市。例如，工作目标提出：到2015年，全市户籍人口控制在860万以内，常住人口控制在1500万以内；到2020年，全市户籍人口控制在1050万以内，常住人口控制在1800万以内。其中，入户条件最低标准是"具有普通高等教育本科以上学历并有学士以上学位，或具有经教育部认证的国（境）外学士以上学位，或具有本科以上学历且具有相关专业中级以上专业技术资格或执业资格；具有技师以上职业资格，或具有中等职业教育以上学历或普通高中以上学历，并具有高级职业资格、所从事的工种（岗位）符合我市紧缺工种（职业）目录、在本市连续居住、就业（创业）和缴纳社会保险满2年"。

新出台的文件主要任务是鼓励人口流入城市，穗府办函〔2017〕322号文提出了"适当放宽放开重点群体落户限制。进一步落实大中专、中职、技工学校学生户口迁入和军队易地安置退役士兵政策。开辟驻穗部队优秀退役士兵、世界技能大赛参赛选手等落户通道。继续做好从事公安消防、环卫、公共交通、民办教育、医疗卫生、养老、残疾人照料等特殊艰苦行业一线人员和优秀异地务工人员落户工作。突出引进人才入户在落户政策中主体地位，适当放宽入户年龄要求，大力吸引高校毕业生、技术工人、职业院校毕业生和留学归国人员等高层次人才、技能人才、创新创业人才、产业急需人才"，包括"不再将符合计划生育政策作为迁入我市的前置条件"，同时完善了配套政策，如"稳妥做好进城落户未成年人教育工作。根据常住人口规模，进一步加大财政投入，合理规划教育设施，加大基础教育学位供给。进一步完善义务教育经费保障机制，推动标准化学校建设，促进义务教育优质均衡发展。重视继续教育和职业培训，满足城市新增落户未成年人多样化的学习需求，确保新增落户未成年人受教育与我市户籍居民同城同待遇。完善中小学学籍信息管理系统，加快实现中小学学籍信息管理系统与户籍人口信息管理系统数据对接，为新增落户未成年人转学升学提供便利"等。

这些政策的实施效果，可以从表1-4-3和图1-4-5中得到验证。

表1-4-3　2016—2020年广州市常住人口变化情况

类别	人口数/人				
	2016年	2017年	2018年	2019年	2020年
年末常住人口	14 043 500	14 498 400	14 904 400	15 305 900	18 676 605
年末户籍人口	8 704 901	8 978 717	9 276 914	9 537 157	9 851 142
年末非户籍常住人口	5 338 599	5 519 683	5 627 486	5 768 743	8 825 463

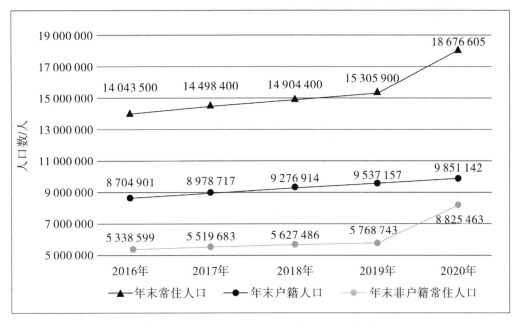

图1-4-5　2016—2020年广州市人口变化趋势

（三）基本公共服务政策受益群体的扩大影响了普通高中招生数量

近年来，国家基本公共服务政策开始向外来人口倾斜。在此背景下，广州市对未能入户的人口，采用居住证制度，并配套阶梯式公共服务政策。相关政策内容主要有："推进居住证制度覆盖全部未落户常住人口。切实保障居住证持有人享有国家规定的各项基本公共服务和办事便利。建立以居住证为载体、以积分制为办法的基本公共服务提供机制。根据居住证持有人连续居住年限、合法稳定就业、合法稳定居所、文化程度、缴纳社保、依法纳税、技术能力、社会服务等情况进行积分，阶梯式享有基本公共教育、基本医疗卫生服务、公共文化服务等权利。缩小居住证持有人与户籍人口享有的基本公共服务的差距；各部门要积极创造条件，不断扩大向居住证持有人提供公共服务的范围，积极拓展居住证的社会应用功能。"由此可以看出，义务教育阶段入学政策对来穗务工人员已经放宽。同时，广州市在普通高中招生政策方面也对具有市外户籍和广州市学籍的学生给予了放宽。

五、未来普通高中入学人数研判

2018年12月广州市人民政府印发了《关于加强我市人口调控和服务管理工作的意见》（穗府〔2018〕14号），提出"提升来穗人员公共服务和管理水平。完善来穗人员公共服务政策。

建立以居住证为载体、以积分制为办法的基本公共服务提供机制。根据居住证持有人连续居住年限、合法稳定就业、合法稳定居所、文化程度、缴纳社保、依法纳税、技术能力、社会服务等情况进行积分，阶梯式享有劳动就业、公共教育、医疗卫生、住房保障、社会救助及社会福利、文化体育等基本公共服务"。2019年4月广州市人力资源和社会保障局印发《广州市引进人才入户管理办法实施细则的通知》（穗人社规字〔2019〕2号）。2020年6月广州市人民政府印发《广州市户籍迁入管理规定》（穗府规〔2020〕6号）。同日，广州市人民政府办公厅印发《广州市引进人才入户管理办法》（穗府办规〔2020〕10号）。这一系列文件的核心内容主要是降低广州市入户门槛，鼓励城市人口导入。如：将穗府〔2014〕10号文件中入户条件"具有本科学历且具有中级职称"的条件放宽为"具有本科学历或中级职称"，具体为"具有国内普通高校全日制大学本科学历并有学士学位，或具有国（境）外学士学位，或具有中级职称的人员，年龄需在40周岁以下"。对于各类技术技能人才的入户条件也是大幅度降低标准，具体为"同时符合以下条件的各类技术技能人才：1. 从事我市引进技术技能人才职业目录内相关职业；2. 获得证书或考核认定后，在本市工作、参加社会保险满半年以上；3.满足以下条件之一：（1）具有专业技术人员职业资格，年龄在40周岁以下；（2）具有技能人员职业资格，高级技师年龄在45周岁以下，技师年龄在40周岁以下，高级工年龄在35周岁以下；（3）从事我市产业发展急需的行业紧缺工种，年龄在40周岁以下"。

政策从限制人口流入到鼓励人口流入的变化，政策的叠加效应引起了广州市常住人口人数的快速增长，并产生连锁反应。这种趋势可以从图1-4-5中近五年的人口变化趋势中得到验证。特别是在2020年，广州市的常住人口数量出现大幅度增长。

由于近几年常住人口数量与全市初中当年毕业班的学生人数关系密切，因此根据普职（即普通高中与职业高中）比1∶1的政策规定，以当年初中毕业生人数大致可以预测2021—2023年普通高中入学人数，详见表1-4-4。

表1-4-4　2021—2023年广州市普通高中入学人数预测

类别	2020年	2021年	2022年	2023年
学生人数/人	54 360	57 842	64 568	69 467
学位增加数/个	—	3482	6726	4899

六、政策建议

（一）准确把握国家、省、市人口及高考政策，提前做好普通高中学位预测

人口入户政策直接影响到广州市常住人口数量和户籍人口数量，人口数量的变化影响到人民群众对普通高中学位的需求。虽然在近期影响不大，但长期的累积因素，会造成普通高中学位紧张。同时，异地高考政策的变化会直接影响到普通高中入学需求。目前，因为学生的高考报考资格条件限制，许多外地户口的在读初中学生在中途或临近毕业时回到户籍所在地参加高考，在一定程度上缓解了广州市普通高中学位的压力。因此，要时刻关注这些政策的变化，做好预判，较为准确地预测普通高中学位需求，提前布局，规划好普通高中学校的新建和扩容。

（二）精心布局普通高中新建学校，应对近期普通高中学位需要增量

根据广州市初中各年级在校生人数，预计未来三年广州市普通高中学位要增加15 107个，也就是说，如果以每所普通高中学校4000人计算，需要新建4所普通高中学校。新建学校的布点主要考虑市、区共同分担建设或市区共建，选择在土地资源相对宽裕、区财政经费相对充足的区布局新建高质量、高起点的普通高中学校，以增加全市普通高中优质学位的供给。

广州市中职学校入学人数变化分析报告

李 媛*

基于2016—2020年间广州市中职学校入学数据，分别从中职学校入学人数自身年度比较、与高中阶段入学人数比较，以及与户籍学龄人数比较三个方面，分析广州市全市及各区中职学校入学人数变化情况及背后原因，并为进一步巩固中等职业教育规模、夯实其基础性地位提出相应的政策建议。

一、广州市全市中职学校入学人数变化情况与原因分析

2016—2020年间，全市中职学校入学人数由2016年的3.46万人增加到2020年的3.51万人，增加0.05万人，增长率为1.5%，年均增长率为0.37%；市属中职学校入学人数由2016年的2.10万人减少为2020年的2.09万人，减少0.01万人，增长率为−0.48%，年均增长率为−0.03%。其中，2020年全市中职学校入学人数为3.51万人，较2019年减少0.1万人；市属中职学校入学人数为2.09万人，较2019年减少0.18万人。（见表1-5-1）

表1-5-1 2016—2020年广州市全市中职学校入学人数变化情况

类别		2016年	2017年	2018年	2019年	2020年
全市合计/人		34 596	29 531	31 680	36 160	35 107
市辖计/人		20 950	17 191	19 306	22 733	20 921
较上年环比增长率/%	全市合计	—	−14.64	7.28	14.14	−2.91
	市辖计	—	−17.94	12.30	17.75	−7.97

（一）全市中职学校入学人数变化情况

1. 中职学校入学人数呈现波动性。

2016—2020年间，中职学校入学人数变化呈波浪形曲线。其中，2019年入学人数最多，全市

---

*李媛，女，教育学博士，广州市教育研究院助理研究员，主要研究方向为职业教育政策。

合计共3.62万人，2018—2019年的环比增长率也最高，为14.14%；2017年入学人数最少，全市合计共2.95万人，2016—2017年的环比降幅也最大，为-14.6%。（见图1-5-1）

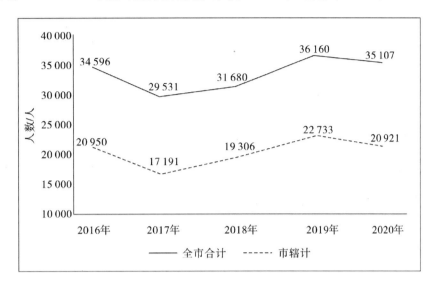

图1-5-1　2016—2020年广州市全市中职学校入学人数变化情况

2. 中职学校入学人数变化趋势与普通高中入学人数变化趋势呈错位现象。

2016—2020年间，中职学校入学人数变化趋势与普通高中入学人数变化趋势呈现错位。其中，2017—2018年间，中职学校入学人数增加2149人，增长7.28%，同年普通高中入学人数减少2005人，减少3.69%；2019—2020年间，中职学校入学人数减少1053人，减少2.91%，同年普通高中入学人数增加1233人，增长2.32%。（见图1-5-2）

图1-5-2　2016—2020年广州市中职学校入学人数与普通高中入学人数变化趋势

（二）全市中职学校入学人数变化原因分析

1. 户籍学龄人口数变化影响。

按照学生入学年龄推算，中职学生的入学年龄基本在15岁，则2016年入学的中职学生主要在2001年出生。以此类推，2020年入学的中职学生主要在2005年出生。对2001—2005年间广州市全市户籍人口出生数与2016—2020年间广州市全市中职学校入学人数变化趋势进行比较发现，户籍学龄人口数变化曲线与中职学校入学人数变化曲线基本一致。尽管广州市中职学校面向全国招生，但在2016—2020年间广州市中职学校入学人数中广州本地生源占比保持相对稳定。由此，可基本推定户籍学龄人口数变化是影响全市中职学校入学人数变化的一个重要因素。

表1-5-2　2016—2020年广州市全市中职学校入学人数推算相关数据

出生年份	户籍学龄人口数/人	中职入学年份	中职学校入学人数/人
2001年	67 542	2016年	34 596
2002年	61 929	2017年	29 531
2003年	57 277	2018年	31 680
2004年	69 928	2019年	36 160
2005年	65 840	2020年	35 107

2. 中职升学政策放开有助于提高广州市中职学校招生热度。

长期以来，我国中等职业教育无法得到社会的充分认可。从2000年起，国家加大教育改革力度，建立了高等、中等职业教育沟通的升学"直通车""立交桥"，中职生可以同普通高中生一样上大学。但由于广东省一直贯彻高职招收中职升学比例不超过30%的政策，能够获得高等教育资源机会的中职生仍为少数，致使广州市近年来中职学校毕业生升学比例无明显提升。2019年教育部发布《高职扩招专项工作实施方案》，推进高职扩招百万，并取消高职招收中职毕业生比例限制。同年，广东省教育厅发布《广东省职业教育"扩容、提质、强服务"三年行动计划（2019—2021年）》，积极落实国家政策，取消高职招收中职毕业生比例限制。与2018年和2020年两年相比，2019年广州市中职学校入学人数上涨明显，这与中职升学政策的放开有极大关联。

3. 中职学校的吸引力与普通高中相比还有待加强。

数据显示，2016—2020年间，广州市中职学校入学人数远低于普通高中。造成这一现象的主要原因有：（1）入学机会角度。2016—2020年间，广州市中职招生录取批次位于普通高中之后，且在正常录取完成之后，因为招生不足而进行第二轮补录。由此，使得中职学校自然成为接受高中阶段教育的末后之选。（2）内部评价角度。广州市中职学校采取宽进宽出评价机制，全市职业能力测评考试尚未建立，学生期末考试合格即可毕业，即便是参加"三二"分段的学生，参加一个转段考试即可升入高职，评价标准较低。由此，使得中职学校教育质量受到质疑。（3）升学机会角度。2019年以前，高职招收中职毕业生比例不超过30%，极大限制了中职生的未来发展出路。以上三点大大降低了中职学校的吸引力。

二、广州市各区中职学校入学人数变化情况与原因分析

2020年，广州市区属中职学校入学人数为1.42万人，较2019年增长759人。2016—2020年间，广州市区属中职学校入学总人数增加540人，增长3.96%。11个区中，6个区中职学校人数有所增加，包括番禺区（+739人）、增城区（+557人）、荔湾区（+291人）、南沙区（+63人）、黄埔区（+39人）和天河区（+15人）；5个区中职学校人数有所减少，包括白云区（-568人）、越秀区（-392人）、海珠区（-116人）、从化区（-77人）和花都区（-11人）。（见表1-5-3）

表1-5-3 2016—2020年广州市各区中职学校入学人数变化情况

区域	人数/人					变化人数/人	人数增幅/%	年均增长率/%
	2016年	2017年	2018年	2019年	2020年			
全市合计	34 596	29 531	31 680	36 160	35 107	511	1.48	0.37
市辖计	20 950	17 191	19 306	22 733	20 921	−29	−0.14	−0.03
区辖计	13 646	12 340	12 374	13 427	14 186	540	3.96	0.99
荔湾区	360	349	304	401	651	291	80.83	20.21
越秀区	904	624	585	874	512	−392	−43.36	−10.84
海珠区	948	820	907	353	832	−116	−12.24	−3.06
天河区	634	480	514	589	649	15	2.37	0.59
白云区	1353	1136	712	733	785	−568	−41.98	−10.50
黄埔区	815	644	800	771	854	39	4.79	1.20
番禺区	2691	3055	3152	3332	3430	739	27.46	6.87
花都区	1984	1465	1818	2065	1973	−11	−0.55	−0.14
南沙区	567	450	598	712	630	63	11.11	2.78
从化区	877	1109	615	783	800	−77	−8.78	−2.19
增城区	2513	2208	2369	2814	3070	557	22.16	5.54

（一）各区中职学校入学人数变化情况

1. 中心城区中职学校招生人数下降明显。

2016—2020年间，中职学校入学人数增幅呈负增长的5个区分别为越秀区（-43.36%）、白云区（-41.98%）、海珠区（-12.24%）、从化区（-8.78%）和花都区（-0.55%），其中中心城区越秀区年均增长率最低，海珠区其次。

2. 非中心城区中职学校入学人数上升显著。

2016—2020年间，中职学校入学人数增幅呈正增长的6个区分别为荔湾区（80.83%）、番禺区（27.46%）、增城区（22.16%）、南沙区（11.11%）、黄埔区（4.79%）和天河区（2.37%），其中非中心城区番禺区和增城区的中职学校入学人数不仅在2016年各区排名中居于前列，且在2016—2020年间各区中职学校入学人数的年均增长率排名中位列第二、第三名。荔湾区由于基数较少，年均增长率不作为参考。

3. 番禺区中职学校入学人数逐年递增。

2016—2020年间，广州市各区中职学校入学人数较不稳定，多数区属中职学校入学人数变化趋势与全市数据相一致，呈现波浪形曲线，但番禺区是唯一区属中职学校入学人数五年逐年持续递增的区。

（二）各区中职入学人数变化原因分析——以番禺区为例

由于广州市中职学校招生没有地域限制，符合条件的学生可跨省、跨市、跨区进行报考，在市属中职学校招生压力下，区属中职学校入学人数变化很大程度上取决于该区职业教育发展政策与学校自身办学吸引力。为此，以下将从番禺区学校结构、生源结构以及番禺区职业教育发展政策三方面对该区中职入学人数逐年增长现象予以分析。

1. 区属学校数量多、质量好。

2020年，番禺区拥有区属职业学校3所，其中两所为国家级示范学校，分别为广州市番禺区新造职业技术学校和广州市番禺区职业技术学校。学校专业建设质量位居广州前列，如广州市番禺区新造职业技术学校现有广东省重点建设专业3个、广东省"双精准"示范建设专业3个、广州市示范专业4个（占专业比例50%）；广州市番禺区职业技术学校现有国家重点专业4个、省重点专业2个、省"双精准"示范建设专业3个、市重点专业和示范专业各1个。

2. 本市、本区生源占比高。

番禺区中职学校生源以本区和本市为主。2020年，广州市番禺区新造职业技术学校计划招生1000人，实际录取1084人，其中番禺区学生839人、广州市其他区学生239人，市外（包括省外）学生6人；广州市番禺区职业技术学校计划招生1600人，实际录取1713人，其中广州本地生源占84%。

3. 政策扶持与资金支持力度大。

长期以来，番禺区政府大力支持职业教育的发展。如为推进构建现代中职教育体系、中职教育专业品牌建设和进一步提升中职学校教师素质，番禺区政府2016年出台的《广州市番禺区教育发展"十三五"规划（2016—2020年）》从基础能力建设、内涵建设、校企合作等方面提高政策支持力度，着力提升番禺区中等职业教育办学水平。同时，加大对职业学校办学的资金支持力度，如2019年番禺区政府投入6865万元支持广州市番禺区职业技术学校基础设施建设。

三、政策建议

近年来，在全国中等职业教育规模整体下滑的形势下，广州市中职学校入学人数基本平稳，且有上升趋势。但从2016—2020年广州市全市及各区中职学校入学人数变化趋势分析来看，广州市中职学校还存在吸引力不足、区属学校政策支持力度不足、区属学校之间差距大等问题。2021年广州市对高中阶段学校招生录取批次进行调整，其中，把中职"三二"分段及省级以上重点特色专业列为第一批次，这在一定程度上提高了中职学校的生源质量。在此基础上，为进一步巩固中等职业教育规模，夯实其基础性地位，建议可在如下方面继续发力。

（一）畅通升学通道，提高中职学校社会吸引力

构建"纵向贯通、横向融通"的现代职业教育体系是提升广州市中职学校社会吸引力的前提。首先，完善高水平、高层次技术技能人才培养体系，稳步推进职业本科教育试点，鼓励以"双高"院校为主举办职业本科教育，重点推进高水平专业群为基础的职业教育本科专业建设。其次，推进中高职学校的紧密衔接，对接广州市支柱产业和新兴产业，推进市属高职院校全部通过"三二"分段、五年一贯制、对口招生、自主招生等模式，实施中高职学校一体化办学，保证所有市、区属中职学校均有专业与高职院校进行一体化对接。最后，开展职普融通育

人模式改革试点，遴选有条件的学校开展高中阶段职普融通联合育人实验探索，建立职业技术教育与普通教育双向互认、纵向流动，搭建学生成才的"立交桥"。

（二）加大区属学校政策支持力度，提升学校办学水平

提升区属中职学校尤其是主城区中职学校的办学水平是补齐广州市中职学校发展短板的关键。首先，将区属中职学校部分重点专业归口市级教育部门管理，在专业建设、课程建设、师资培养等方面的支持力度与市级中职学校同等对待。其次，建立"政府投入、校企共建、企业运营"公共实训基地，为市、区属中职学生提供免费实训实习资源和场地。最后，加大转移经费支持的力度，通过项目制等方式，市、区两级政府共同支持区属中职学校的高质量发展。

（三）深化学校内涵建设，扩大本地生源招生规模

深化学校内涵建设，提高职业教育服务供给质量是保证生源不流失的根本所在，也是扩大本地生源规模的前提。首先，要优化专业结构，进一步完善行业、企业深度参与专业建设的制度机制，切实根据产业人才需求，设置甚至新开发相应专业。其次，深化"岗—课"一体改革。依托产业链、岗位群，细分岗位能力要求，以典型工作项目为载体，与行业企业共同开发课程，形成与行业企业需求紧密对接的课程体系。最后，全面推进课证融通。以"1+X"证书改革为抓手，引入岗位所属行业企业广泛认可的证书，更新人才培养方案，将"X"证书所涉及的内容融入人才培养目标和不同课程模块，实现学校专业课程与证书对接，将行业企业证书认证引入学生学业终结的考核评价。

广州市中小学随迁子女入学人数变化分析报告

张 丹[*]

妥善解决好随迁子女的入学问题是实现教育公平的重要体现，对于实现义务教育均衡发展和公共教育服务均等化，办好人民满意的教育具有重要意义。本研究拟从广州市中小学随迁子女入学人数变化进行分析，结合广州市随迁子女入学的基本情况，为进一步做好来穗人员随迁子女教育问题提出政策建议。

一、广州市中小学随迁子女入学人数变化概况

（一）全市总体情况

1. 中小学随迁子女入学人数变化情况。

（1）人数变化。2016—2020年间，全市小学随迁子女入学人数呈现波动性，2017年是波峰（85 921人），2020年是波谷（69 227人）。全市初中随迁子女入学人数也呈现波动性，2018年是波峰（51 082人），2020年是波谷（46 033人）。全市普通高中随迁子女入学人数逐年增加，2020年入学人数增至11 687人。

其中，2020年，全市小学随迁子女入学人数为69 227人，比2019年减少12 374人，环比下降15.16%；全市初中随迁子女入学人数为46 033人，比2019年减少4733人，环比下降9.32%；全市普通高中随迁子女入学人数为11 687人，比2019年增加164人，环比增长1.42%。（见图1-6-1）

---

*张丹，女，广州市教育研究院助理研究员，主要研究方向为基础教育政策。

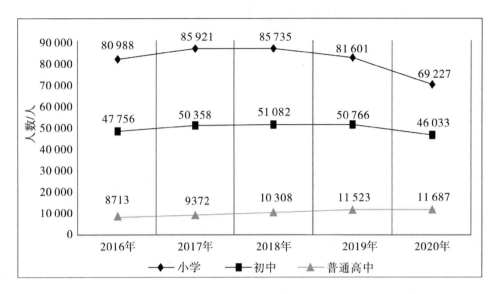

图1-6-1　2016—2020年广州市全市中小学随迁子女入学人数变化情况

（2）增长率变化。2016—2020年间小学2020年环比2019年增长率为-15.16%，年均增长率为-3.63%；初中2020年环比2019年增长率为-9.32%，年均增长率为-0.90%；普通高中2020年环比2019年增长率和年均增长率均为正值，分别为1.42%和8.53%。（见图1-6-2）

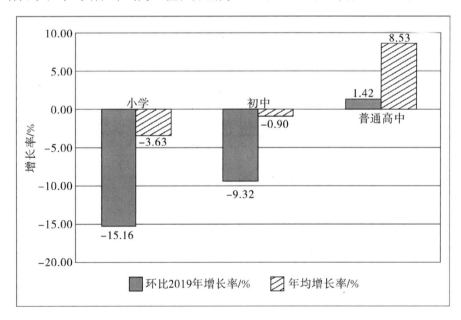

图1-6-2　2016—2020年广州市全市中小学随迁子女入学人数增长率变化情况

2. 中小学随迁子女入读公办学校人数变化情况。

（1）人数变化。2016—2020年间，小学随迁子女在公办学校的入学人数逐年减少，由2016年的32 474人降至2020年的26 353人，年均增长率为-4.71%；初中随迁子女在公办学校的入学人数呈波动性，2019年是波峰（23 588人），2016年是波谷（20 074人），年均增长率为0.41%；高中随迁子女在公办学校的入学人数逐年增加，2020年入学人数增至9271人，年均增长率为10.04%。

其中，2020年，全市小学随迁子女在公办学校的入学人数为26 353人，比2019年减少2939人，环比下降10.03%；全市初中随迁子女在公办学校的入学人数为20 406人，比2019年减少3182人，环比下降13.49%；全市普通高中随迁子女在公办学校的入学人数为9271人，比2019年增加643人，环比增长7.45%。（见图1-6-3）

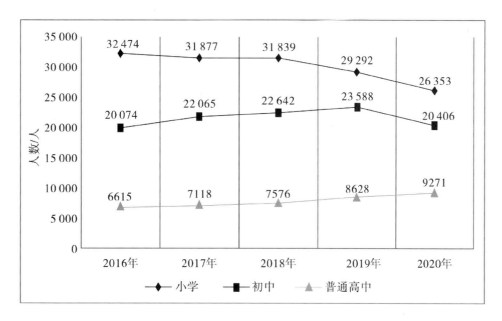

图1-6-3 2016—2020年广州市全市中小学随迁子女入读公办学校人数变化情况

（2）增长率变化。2016—2020年间，随迁子女入读公办小学人数年均增长率和2020年环比2019年增长率均为负值，分别为-4.71%和-10.03%；随迁子女入读公办初中人数年均增长率和2020年环比2019年增长率分别为0.41%与-13.49%；随迁子女入读公办普通高中人数年均增长率和2020年环比2019年增长率均为正值，分别为10.04%和7.45%。（见图1-6-4）

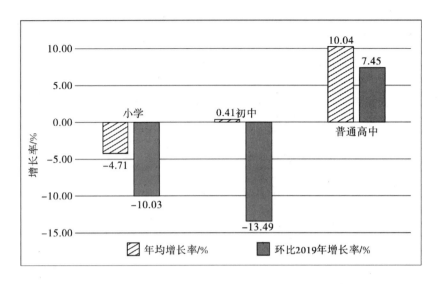

图1-6-4 2016—2020年广州市全市中小学随迁子女入读公办学校人数增长率变化情况

3. 中小学随迁子女入读公办学校人数占比变化情况。

2016—2020年间，小学随迁子女入读公办学校人数占比趋势平稳，2016年为波峰（40.10%），2019年为波谷（35.90%），年均增长率为-1.29%；初中随迁子女入读公办学校人数占比趋势也呈现平稳，2019年为波峰（46.46%），2016年为波谷（42.03%），年均增长率为1.34%；高中随迁子女入读公办学校人数占比同样呈平稳趋势，2020年为波峰（79.33%），2018年为波谷（73.50%），年均增长率为1.10%。

其中，2020年全市小学随迁子女入读公办学校人数占比38.07%，比上年增长了2.17%；初中随迁子女入读公办学校人数占比为44.33%，比上年降低了2.14%；普通高中随迁子女入读公办学校人数占比为79.33%，比上年增长了4.45%。（见图1-6-5）

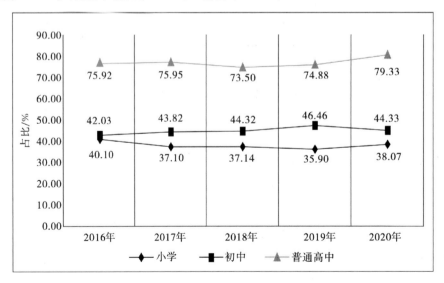

图1-6-5 2016—2020年随迁子女入读公办学校人数占比变化情况

（二）各区总体情况

1. 小学。

2016—2020年间，各区小学随迁子女入学人数变化最明显的是从化区和花都区，年均增长率分别为13.15%和-9.05%。

2020年，各区小学随迁子女入学人数比2019年均有所减少，环比2019年增长率均为负值。其中，天河区和番禺区减少人数最多，分别减少2802人和2554人；天河区和荔湾区环比2019年下降比率最大，分别下降28.45%和21.35%；白云区环比2019年下降比例最小，仅下降0.93%。（见表1-6-1）。

表1-6-1　2016—2020年广州市各区小学随迁子女入学人数变化情况

区域	人数/人					2020年比2019年人数变化/人	2020年环比2019年增长率/%	年均增长率/%
	2016年	2017年	2018年	2019年	2020年			
荔湾区	5037	5066	6081	6390	5026	-1364	-21.35	-0.05
越秀区	1288	1499	1662	1200	1067	-133	-11.08	-4.29
海珠区	6209	6796	6788	6378	5108	-1270	-19.91	-4.43
天河区	10 518	9771	10 376	9850	7048	-2802	-28.45	-8.25
白云区	11 739	14 321	13 392	12 851	12 732	-119	-0.93	2.11
黄埔区	4402	5770	6214	5356	4635	-721	-13.46	1.32
番禺区	12 945	13 515	14 253	13 546	10 992	-2554	-18.85	-3.77
花都区	17 567	16 404	12 823	12 647	11 206	-1441	-11.39	-9.05
南沙区	3687	4011	4567	4455	3871	-584	-13.11	1.25
从化区	943	1411	1624	1658	1439	-219	-13.21	13.15
增城区	6653	7357	7955	7270	6103	-1167	-16.05	-2.07

2. 初中。

2016—2020年间，各区初中随迁子女入学人数呈正增长的有6个区，分别是荔湾区、越秀区、黄埔区、番禺区、南沙区和从化区；其中年均增长率最高的是从化区，为26.02%；呈负增长趋势的分别是海珠区、天河区、白云区、花都区和增城区，其中年均增长率下降幅度最大的是天河区，为-6.76%。

2020年，除南沙以外的各区初中随迁子女入学人数比2019年均有所减少，南沙区入学人数增加了177人，环比2019年增长率为7.69%；天河区和增城区初中随迁子女入学人数比2019年减

少最多，环比2019年增长率分别为-17.47%和-21.06%。（见表1-6-2）

表1-6-2　2016—2020年广州市各区初中随迁子女入学人数变化情况

区域	人数/人					2020年比2019年人数变化/人	2020年环比2019年增长率/%	年均增长率/%
	2016年	2017年	2018年	2019年	2020年			
荔湾区	3534	3647	4093	4451	4143	-308	-6.92	4.31
越秀区	1451	2133	2184	2328	1997	-331	-14.22	9.41
海珠区	4151	4137	4264	4143	3712	-431	-10.40	-2.64
天河区	5898	5622	5440	5214	4303	-911	-17.47	-6.76
白云区	6915	7126	6898	6243	5608	-635	-10.17	-4.73
黄埔区	2890	3465	3385	3601	3478	-123	-3.42	5.09
番禺区	6903	7797	8120	8115	7446	-669	-8.24	1.97
花都区	9769	9473	8988	8284	7852	-432	-5.21	-4.91
南沙区	1795	2059	2070	2303	2480	177	7.69	9.54
从化区	784	897	1547	1759	1600	-159	-9.04	26.02
增城区	3666	4002	4093	4325	3414	-911	-21.06	-1.72

3. 普通高中。

2016—2020年间，各区普通高中随迁子女入学人数呈负增长的分别是荔湾区和花都区，年均增长率分别为-1.34%和-10.23%；其他区年均增长率均呈正增长趋势，其中增长幅度最大的是从化区和南沙区，年均增长率分别为89.44%和42.10%。

2020年，普通高中随迁子女入学人数比2019年有所增加的区分别是越秀区、天河区、白云区、南沙区和增城区，环比2019年增长率变化幅度最大的是白云区和越秀区，环比2019年增长率分别为101.38%和72.01%；普通高中随迁子女入学人数比2019年减少人数最多的是从化区和番禺区，环比2019年增长率下降幅度最大的是黄埔区和从化区，环比增长率分别为-39.86%和-25.71%。（见表1-6-3）

表1-6-3　2016—2020年广州市各区普通高中随迁子女入学人数变化情况

区域	人数/人					2020年比2019年人数变化/人	2020年环比2019年增长率/%	年均增长率/%
	2016年	2017年	2018年	2019年	2020年			
荔湾区	521	555	637	567	493	-74	-13.05	-1.34
越秀区	447	503	557	518	891	373	72.01	24.83
海珠区	865	845	1182	1167	1086	-81	-6.94	6.39

（续表）

区域	人数/人					2020年比2019年人数变化/人	2020年环比2019年增长率/%	年均增长率/%
	2016年	2017年	2018年	2019年	2020年			
天河区	782	903	963	892	940	48	5.38	5.05
白云区	882	812	1182	652	1313	661	101.38	12.22
黄埔区	287	417	457	552	332	−220	−39.86	3.92
番禺区	1682	2211	2120	2281	1861	−420	−18.41	2.66
花都区	1975	1533	1528	1298	1167	−131	−10.09	−10.23
南沙区	291	435	500	472	781	309	65.47	42.10
从化区	296	744	619	1824	1355	−469	−25.71	89.44
增城区	685	414	563	1300	1468	168	12.92	28.58

二、广州市中小学随迁子女入学的基本情况

结合上述对随迁子女的统计数据分析，广州市中小学随迁子女入学的基本情况如下：

1. 2016—2020年间，随迁子女在义务教育阶段总体入学人数和入读公办学校人数均呈减少趋势，但在普通高中的入学人数和入读公办高中的人数均逐年增加。义务教育阶段入读公办学校人数占比变化幅度不大，发展趋势平稳，但入读公办普通高中学校人数占比逐年增长。

2. 2020年随迁子女在义务教育阶段总体入学人数和入读公办学校人数均比2019年有所减少，但在普通高中的入学人数比2019年有所增加。同时，随迁子女入读公办小学和公办高中学校的人数占比均比2019年有所提高，入读公办初中的人数占比较2019年有所下降。

3. 2016—2020年间，广州市全市及各区义务教育阶段随迁子女入学人数主要呈负增长趋势，且变化幅度不同；普通高中随迁子女入学人数主要呈正增长趋势。2020年，广州市全市及各区义务教育阶段随迁子女入学人数环比2019年有所减少，各区普通高中随迁子女入学人数各有不同，变化幅度也各有差异。

由此可见，广州市义务教育阶段随迁子女的入学人数是呈减少趋势的，入读公办学校比例也较低，还未达到50%。同时，近三年来政府购买用于进城务工人员随迁子女的学位数逐年减少，2018年政府购买学位大幅增加到2703个，到2020年减少为2172个。按照2016年广州市出台的《广州市人民政府办公厅关于进一步做好来穗人员随迁子女接受义务教育工作的实施意见》（穗府办函〔2016〕174号）提出的"2020学年力争达到70%"的目标任务，义务教育阶段随迁子女入读公办学校比例还有很大差距。但高中随迁子女的入学人数呈稳步增长趋势，入读公办

普通高中学校的比例较高，2020年达到79.33%。随着近年来广州市产业结构调整，劳动密集型企业逐步外迁，随迁人员和进城务工人员人数发生了变化，导致其随迁子女在中小学入学人数也随之发生变化，这方面原因还有待进一步研究。

三、政策建议

（一）持续落实好来穗人员随迁子女入学政策，保障入学机会均等

2020年广州市常住人口为1867.66万人，较2019年增加了337.07万人。随着常住人口的增长，来穗人员随迁子女教育需求也自然会上涨，应继续完善来穗人员随迁子女入学政策，落实以居住证为主要依据的入学政策，努力实现各区"以公办学校为主"安排随迁子女入学，在保障进城务工人员随迁子女入学方面进一步加大工作力度，切实做到符合条件的随迁子女能够应入尽入。与此同时，进一步完善政府购买学位政策，特别是将随迁子女占比较高的民办学校优先纳入政府购买学位范围。

（二）进一步扩大城镇学位供给，着力构建优质均衡的基本公共教育服务体系

随着城镇化进程的推进，合理布局城镇义务教育学校，进一步扩大城镇学位资源。随着常住人口的增长，同步建设城镇的学校，对未来一段时期学龄人口分布特别是随迁子女分布和变化趋势等情况进行科学预测，保障随迁子女的入学需求。各区要加大公办学校的建设力度，及时接收居住小区配套学校并将其办成公办学校，逐步提高随迁子女入读公办学校的比例，有效解决随迁子女入读公办学校问题，切实解决学位供给。同时进一步完善随迁子女异地升学考试制度，稳步推进随迁子女义务教育工作。

（三）健全随迁子女入学政策的经费保障，切实加强对随迁子女的教育关爱

健全经费保障机制，把符合接受免费义务教育条件的随迁子女纳入公共财政保障范围，根据免费义务教育学生人数等因素，拨付生均公用经费，核定教职工编制，配置教学设施设备等。各级财政结合各地义务教育阶段实际接收随迁子女人数和经济状况合理分担，继续加大义务教育规范化学校建设投入，为随迁子女就读做好物质保障。与此同时，建立随迁子女关爱帮扶机制，健全家庭学校联系制度，在情感上、学习上、生活上给予其关心和帮助，促进广大随迁子女的身心健康全面发展。

中编

学位供给与学生规模

　　充足的学位供给是保障人民群众受教育权利的基本条件，彰显了政府教育服务能力的提升。2021年，广州市共有各级各类学校3799所，在校生274.26万人。本编内容以学位供给为背景，通过年度比较、市内区域比较、公办与民办比较、国内城市比较，对广州市不同学段、不同类别、不同区域的学生规模变化进行分析，形成系列研究报告供相关部门决策参考。

广州市基础教育阶段学生规模变化分析报告

肖秀平[*]

基于2016—2021年广州市、北京市、上海市、深圳市各学段在校生规模和招生规模数据[①]，分析广州市基础教育阶段学生规模变化情况，各区基础教育阶段学生规模差异情况，广州市基础教育阶段学生规模在穗、京、沪、深四市中的位置，并结合城市发展战略及相关政策，提出政策建议。

一、2021年广州市基础教育阶段学生规模概况

（一）在校生规模

1. 总体在校生规模。2021年，广州市基础教育阶段学校共有在校学生236.72万人。其中，幼儿园在校学生63.32万人，小学在校学生116.44万人，初中在校学生40.80万人，普通高中在校学生16.16万人。（见表2-1-1）

2. 民办学校在校生规模。2021年，广州市基础教育阶段民办学校共有在校学生72.76万人，占广州市基础教育阶段学校总在校生规模的30.74%。其中，民办幼儿园在校学生29.54万人，占广州市幼儿园总在校学生规模的46.65%；民办小学在校学生30.58万人，占广州市小学总在校生规模的26.26%；民办初中在校学生11.37万人，占广州市初中总在校生规模的27.87%；民办普通高中在校学生1.27万人，占广州市普通高中总在校生规模的7.86%。（见表2-1-1）

表2-1-1　2021年广州市基础教育各阶段在校生规模

学段	总在校生数/万人	民办学校在校生数/万人	民办学校在校生比例/%
幼儿园	63.32	29.54	46.65

---

*肖秀平，女，广州市教育研究院副研究员，教育规划与政策研究所副所长，主要研究方向为基础教育政策、教育评价。

①系列报告中的广州市数据来源于广东省教育信息平台，其他城市数据来源于各城市教育官网及城市年鉴。

（续表）

学段	总在校生数/万人	民办学校在校生数/万人	民办学校在校生比例/%
小学	116.44	30.58	26.26
初中	40.80	11.37	27.87
普通高中	16.16	1.27	7.86
合计	236.72	72.76	30.74

（二）招生规模

1. 总体招生规模。2021年，广州市基础教育阶段学校共招生61.88万人。其中，幼儿园招生20.68万人，小学招生21.20万人，初中招生14.52万人，普通高中招生5.48万人。（见表2-1-2）

2. 民办学校招生规模。2021年，广州市基础教育阶段民办学校共招生18.86万人，占广州市基础教育阶段学校总招生规模的30.48%。其中，民办幼儿园招生9.27万人，占广州市幼儿园总招生规模的44.83%；民办小学招生5.15万人，占广州市小学总招生规模的24.29%；民办初中招生3.98万人，占广州市初中总招生规模的27.41%；民办普通高中招生0.46万人，占广州市普通高中总招生规模的8.39%。（见表2-1-2）

表2-1-2　2021年广州市基础教育各阶段学校招生规模

学段	总招生数/万人	民办学校招生数/万人	民办学校招生数比例/%
幼儿园	20.68	9.27	44.83
小学	21.20	5.15	24.29
初中	14.52	3.98	27.41
普通高中	5.48	0.46	8.39
合计	61.88	18.86	30.48

二、广州市各区基础教育阶段学生规模比较分析

（一）各区在校生规模

1. 白云区、番禺区和增城区在校生规模位居前三。2021年，广州市11个区中，基础教育阶段在校生规模位居前三的分别是白云区、番禺区和增城区。相对于常住人口规模[①]，增城区的基础教育阶段在校生规模偏大。从各学段的在校生规模来看，白云区的幼儿园和小学在校生规模

---

①根据《2021年广州统计年鉴》，从2020年年末常住人口规模来看，白云区、番禺区和天河区位居全市前三位。

最大，番禺区的初中在校生规模最大，越秀区的普通高中在校生规模最大。（见表2-1-3）

表2-1-3　2021年广州市各区基础教育各阶段在校生规模

区域	在校生人数/万人				合计/万人	排序
	幼儿园	小学	初中	普通高中		
荔湾区	3.19	6.93	2.96	1.44	14.53	9
越秀区	3.40	7.22	3.81	2.59	17.01	7
海珠区	4.84	9.19	3.39	1.28	18.69	6
天河区	5.73	11.90	3.94	1.44	23.01	5
白云区	11.44	17.05	5.06	1.51	35.07	1
黄埔区	4.43	7.99	2.92	0.83	16.16	8
番禺区	9.79	16.55	5.51	2.43	34.28	2
花都区	5.36	14.59	4.71	1.24	25.89	4
南沙区	3.89	5.87	2.11	0.73	12.60	11
从化区	3.26	6.48	2.33	1.09	13.16	10
增城区	7.99	12.67	4.07	1.59	26.32	3

2. 白云区、花都区和天河区民办学校在校生比例位居前三。2021年，广州市11个区基础教育阶段在校生中，民办学校在校生比例位居前三的分别是白云区、花都区和天河区。其中，黄埔区的民办幼儿园在校生比例最高，白云区的民办小学和民办初中在校生比例最高，海珠区的民办普通高中在校生比例最高。（见表2-1-4）

表2-1-4　2021年广州市各区基础教育各阶段民办学校在校生比例

区域	民办学校在校生比例/%				合计/%	排序
	幼儿园	小学	初中	普通高中		
荔湾区	45.48	26.64	35.11	0.00	29.87	7
越秀区	50.68	2.34	9.30	0.00	13.19	11
海珠区	45.38	25.58	25.30	23.87	30.54	6
天河区	49.53	29.93	33.07	16.81	34.52	3
白云区	43.68	43.61	47.07	18.88	43.06	1
黄埔区	50.69	14.17	26.09	0.00	25.61	8
番禺区	47.07	26.19	28.23	4.64	30.95	5
花都区	46.04	33.74	33.35	4.93	34.84	2
南沙区	44.69	14.57	8.72	0.00	22.05	9
从化区	49.91	3.93	8.50	15.93	17.11	10
增城区	45.62	29.32	28.66	5.79	32.75	4

（二）各区招生规模

1. 番禺区、白云区和增城区招生规模位居前三。2021年，广州市11个区中，基础教育阶段招生规模位居前三的分别是番禺区、白云区和增城区。相对于在校生规模，番禺区招生规模超过了白云区，跃居第一。相对于常住人口规模，增城区和番禺区的基础教育阶段招生规模偏大。从各学段招生规模来看，白云区的幼儿园和小学招生规模最大，番禺区的初中招生规模最大，越秀区的普通高中招生规模最大，这与各学段在校生规模的区域分布相一致。（见表2-1-5）

2. 幼儿园招生规模区域差异系数最大，初中招生规模区域差异系数最小。2021年，广州市11个区中，基础教育阶段招生规模的差异系数为0.35。其中，幼儿园招生规模的区域差异系数为0.48，在各学段中最高；初中招生规模的区域差异系数为0.28，在各学段中最低。（见表2-1-6）

表2-1-5 2021年广州市各区基础教育各阶段学校招生规模

区域	招生人数/万人				合计/万人	排序
	幼儿园	小学	初中	普通高中		
荔湾区	0.94	1.31	1.05	0.49	3.79	9
越秀区	0.99	1.27	1.31	0.87	4.44	8
海珠区	1.35	1.66	1.14	0.43	4.58	6
天河区	1.73	2.16	1.35	0.49	5.72	5
白云区	3.48	3.06	1.74	0.52	8.81	2
黄埔区	1.61	1.50	1.06	0.29	4.45	7
番禺区	3.14	3.04	1.94	0.80	8.93	1
花都区	1.94	2.54	1.77	0.41	6.66	4
南沙区	1.24	1.13	0.78	0.27	3.42	10
从化区	1.04	1.13	0.85	0.36	3.38	11
增城区	3.23	2.41	1.51	0.55	7.70	3

表2-1-6 2021年广州市基础教育各阶段学校招生规模协调程度

招生学段	幼儿园	小学	初中	普通高中	基础教育
区域差异系数	0.48	0.37	0.28	0.36	0.35

3. 白云区、天河区和增城区民办学校招生比例位居前三。2021年，广州市11个区基础教育阶段招生中，民办学校招生比例位居前三的分别是白云区、天河区和增城。其中，越秀区的民办幼儿园招生比例最高，白云区的民办小学和民办初中招生比例最高，海珠区的民办普通高

中招生比例最高。相对于基础教育阶段民办学校在校生规模，增城区的招生比例超过花都区位居第三。（见表2-1-7）

4. 民办幼儿园招生比例区域差异系数最小，民办普通高中招生比例区域差异系数最大。2021年，广州市11个区中，民办基础教育阶段招生比例的差异系数为0.26。其中，民办幼儿园招生比例的区域差异系数为0.09，在各学段中差异最小；民办普通高中招生比例的区域差异系数为0.97，在各学段中差异最大。（见表2-1-8）

表2-1-7 2021年广州市各区基础教育各阶段民办学校招生比例

区域	民办学校招生比例/%				合计/%	排序
	幼儿园	小学	初中	普通高中		
荔湾区	42.53	22.72	31.63	0	27.19	7
越秀区	51.28	1.83	9.17	0	14.68	11
海珠区	43.19	24.44	24.51	23.11	29.85	6
天河区	50.38	28.48	32.98	17.59	35.23	2
白云区	40.79	45.23	46.51	19.63	42.20	1
黄埔区	50.07	8.95	23.24	0	26.61	8
番禺区	45.50	23.78	28.12	4.72	30.64	5
花都区	44.47	27.55	33.84	6.31	32.85	4
南沙区	39.51	12.91	9.21	0	20.71	9
从化区	50.45	3.60	7.16	17.18	20.41	10
增城区	42.61	28.26	30.70	8.64	33.34	3

表2-1-8 2021年广州市基础教育各阶段民办学校招生规模协调程度

招生学段	幼儿园	小学	初中	普通高中	基础教育
区域差异系数	0.09	0.59	0.47	0.97	0.26

三、2016—2021年广州市基础教育阶段学生规模比较分析

（一）在校生规模

1. 基础教育阶段在校生规模总体上持续增长，普通高中年均增长率为负。2016—2021年，广州市基础教育阶段在校生规模总体上持续增长，年均增长率为4.44%。其中，幼儿园、小学、初中和普通高中的增幅分别为7.38%、4.04%、4.77%和-1.66%。幼儿园增幅最大，普通高中出现

了负增长。与2020年相比，2021年广州市基础教育阶段在校生规模的增幅为5.54%。其中，幼儿园、小学、初中和普通高中的增幅分别为10.21%、3.49%、6.31%和1.37%。（见表2-1-9）

表2-1-9　2016—2021年广州市基础教育各阶段在校生规模

学段	人数/人						2021年较2020年增长/%	年均增长率/%
	2016年	2017年	2018年	2019年	2020年	2021年		
幼儿园	462 557	483 497	498 127	527 648	574 541	633 203	10.21	7.38
小学	968 531	1 004 695	1 058 455	1 104 714	1 125 103	1 164 403	3.49	4.04
初中	329 410	338 751	350 590	366 867	383 753	407 956	6.31	4.77
普通高中	176 275	170 676	163 838	159 355	159 450	161 633	1.37	−1.66
合计	1 936 773	1 997 619	2 071 010	2 158 584	2 242 847	2 367 195	5.54	4.44

2. 民办学校在校生比例总体上持续下降，普通高中持续增长。2016—2021年，广州市基础教育阶段民办学校在校生比例总体上持续下降，年均降幅为4.10%。其中，幼儿园、小学和初中的年均降幅分别为5.98%、4.19%和3.00%；普通高中持续增长，年均增长率为5.22%。与2020年相比，2021年广州市基础教育阶段民办学校在校生比例总体上出现较大幅度的下降，降幅为9.24%。其中，幼儿园、小学、初中的降幅分别为15.43%、6.71%和5.91%；普通高中保持了3.83%的增长率。（见表2-1-10）

表2-1-10　2016—2021年广州市基础教育阶段民办学校在校生比例

学段	人数/人						2021年较2020年增长/%	年均增长率/%
	2016年	2017年	2018年	2019年	2020年	2021年		
幼儿园	66.53	67.17	66.85	65.48	55.16	46.65	−15.43	−5.98
小学	33.22	32.48	31.41	30.25	28.15	26.26	−6.71	−4.19
初中	32.79	32.13	31.41	30.59	29.62	27.87	−5.91	−3.00
普通高中	6.24	6.42	7.02	7.33	7.58	7.87	3.83	5.22
合计	38.65	38.59	38.00	37.23	33.86	30.73	−9.24	−4.10

（二）招生规模

1. 基础教育阶段招生规模总体上持续增长；普通高中招生规模年均增长率为负，2021年较2020年略有提高；幼儿园招生规模2021年较2020年出现较大幅度的下降。2016—2021年，广州市基础教育阶段招生规模总体上持续增长，年均增长率为3.39%。其中，普通高中出现了负增长，年均增长率为-1.17%；幼儿园、小学和初中的年均增长率分别为3.75%、3.51%和4.96%。与2020年相比，2021年广州市基础教育阶段招生规模略有提高，增幅为0.85%。其中，幼儿园出现了6.80%的负增长，小学、初中和普通高中的增幅分别为6.84%、4.49%和0.89%。（见表2-1-11）

表2-1-11　2016—2021年广州市基础教育各阶段学校招生规模

学段	人数/人						2021年较2020年增长/%	年均增长率/%
	2016年	2017年	2018年	2019年	2020年	2021年		
幼儿园	174 180	179 411	191 685	193 130	221 927	206 847	-6.80	3.75
小学	180 334	191 092	206 514	210 895	198 393	211 956	6.84	3.51
初中	116 292	122 090	122 121	131 578	138 917	145 159	4.49	4.96
普通高中	58 260	54 406	52 401	53 127	54 360	54 844	0.89	-1.17
合计	529 066	546 999	572 721	588 730	613 597	618 806	0.85	3.39

2. 基础教育阶段民办学校招生比例总体上持续下降；民办普通高中招生比例基本呈正增长趋势；2021年基础教育阶段民办学校招生比例较2020年出现大幅下降。2016—2021年，广州市基础教育阶段民办学校总招生比例持续下降，年均降幅为4.98%。其中，民办幼儿园、民办小学和民办初中的年均降幅分别为6.15%、5.35%和3.37%。与2020年相比，2021年广州市基础教育阶段民办学校招生比例出现大幅度下降，降幅达12.22%。其中，幼儿园、小学、初中的降幅分别为13.26%、8.72%和7.87%；普通高中保持了9.06%的增长率。（见表2-1-12）

表2-1-12　2016—2021年广州市基础教育各阶段民办学校招生比例

学段	人数/人						2021年较2020年增长/%	年均增长率/%
	2016年	2017年	2018年	2019年	2020年	2021年		
幼儿园	64.73	66.82	65.39	64.96	51.66	44.81	-13.26	-6.15
小学	33.16	32.88	30.88	30.22	26.61	24.29	-8.72	-5.35
初中	32.97	32.42	32.75	30.85	29.75	27.41	-7.87	-3.37
普通高中	6.36	6.90	7.81	7.58	7.73	8.43	9.06	6.51
合计	40.56	41.32	40.72	39.71	34.71	30.47	-12.22	-4.98

四、穗、京、沪、深基础教育阶段学生规模比较分析

（一）在校生规模

1. 在穗、京、沪、深四市中，广州市基础教育阶段在校生规模总量上最大，但普通高中在校生规模最小。2021年，广州市基础教育阶段在校生规模达236.72万人，在穗、京、沪、深四市中位居第一，深圳市紧随其后。其中，广州市的幼儿园、小学在校生规模均居第一；因学制不同，广州市初中在校生规模仅次于上海市；四市中，广州市普通高中在校生规模最小。（见表2-1-13）

表2-1-13　2021年穗、京、沪、深基础教育阶段在校生规模

城市	人数/人				
	幼儿园	小学	初中	普通高中	合计
广州	633 203	1 164 403	407 956	161 633	2 367 195
北京	566 735	1 036 584	349 611	176 095	2 129 025
上海	560 059	892 789	497 550	174 454	2 124 852
深圳	597 569	1 133 041	393 641	169 533	2 293 784

2. 广州市基础教育阶段民办学校在校生比例明显高于北京市、上海市。2021年，广州市基础教育阶段民办学校在校生比例为30.73%，明显高于北京市（14.84%）和上海市（16.14%），低于深圳市（36.53%）。其中，广州市民办小学、民办初中的在校生比例均明显高于北京市、上海市，且广州市民办初中在校生比例在四市中最高。广州市民办普通高中在校生比例（7.87%）仅高于北京市（4.34%）。（见表2-1-14）

表2-1-14　2021年穗、京、沪、深基础教育阶段民办学校在校生比例

城市	比例/%				
	幼儿园	小学	初中	普通高中	合计
广州	46.65	26.26	27.87	7.87	30.73
北京	42.33	4.15	7.26	4.34	14.84
上海	26.04	11.63	15.73	8.61	16.14
深圳	48.50	34.88	26.86	27.83	36.53

（二）招生规模

1. 在穗、京、沪、深四市中，广州市基础教育阶段学校招生规模总量最大，但普通高中招生规模最小。2021年，广州市基础教育阶段学校招生规模达61.88万人，在穗、京、沪、深四市中位居第一，明显高于北京市（55.93万人）和上海市（56.82万人）。在穗、京、沪、深四市中，广州市幼儿园、小学和初中招生规模均位居第一；广州市普通高中招生规模最小，依次低于上海市（6.05万人）、北京市（6.23万人）和深圳市（6.49万人）。（见表2-1-15）

表2-1-15 2021年穗、京、沪、深基础教育阶段学校招生规模

城市	人数/人				
	幼儿园	小学	初中	普通高中	合计
广州	206 847	211 956	145 159	54 844	618 806
北京	190 211	186 440	120 431	62 263	559 345
上海	178 087	187 739	141 905	60 462	568 193
深圳	192 828	204 514	143 846	64 932	606 120

2. 广州市基础教育阶段民办学校招生比例仅次于深圳市，明显高于上海市、北京市。2021年，广州市基础教育阶段民办学校招生比例为30.47%，明显高于上海市（16.19%）和北京市（18.05%）。其中，广州市民办幼儿园、民办小学、民办初中的招生比例在四市中均位居第二，仅次于深圳市。广州市民办普通高中招生比例（8.43%）明显低于深圳市（28.66%），与上海市（8.74%）差距不大，高于北京市（4.87%）。（见表2-1-16）

表2-1-16 2021年穗、京、沪、深基础教育阶段民办学校招生比例

城市	比例/%				
	幼儿园	小学	初中	普通高中	合计
广州	44.81	24.29	27.41	8.43	30.47
北京	43.39	3.69	7.09	4.87	18.05
上海	25.57	11.12	14.30	8.74	16.19
深圳	46.02	44.92	27.72	28.66	34.75

五、政策建议

（一）严格落实各区公办幼儿园在园幼儿比例达到50%以上，促进学前教育普惠健康发展

2021年，广州市民办幼儿园在园幼儿比例为46.65%，其中黄埔区、越秀区民办幼儿园在园幼儿比例分别为50.69%和50.68%。按照广东省人民政府办公厅印发的《广东省促进学前教育普惠健康发展行动方案》（粤府办〔2018〕28号）提出的"到2020年，全省公办幼儿园在园幼儿数占比达到50%以上，公办幼儿园和普惠性民办幼儿园占比达到80%以上"的要求，以及教育部等九部门印发的《"十四五"学前教育发展提升行动计划》（教基〔2021〕8号）提出的"到2025年，普惠性幼儿园覆盖率达到85%以上，公办园在园幼儿占比达到50%以上"的发展目标，广州市公办幼儿园在园幼儿总体比例已经符合政策要求，但黄埔区和越秀区公办幼儿园在园幼儿比例尚未达到50%政策要求。建议广州市教育主管部门及市、区政府教育督导部门加强对各区公办及民办幼儿园在园幼儿规模及比例的监管，增加公办幼儿园及公办幼儿园学位数量，严格落实各区公办幼儿园在园幼儿比例达到50%以上的政策要求。

（二）加强广州市各区义务教育阶段民办学校在校生比例监测，确保义务教育的公益性

2021年，广州市义务教育阶段民办学校在校生比例为26.68%，民办小学和民办初中在校生比例分别为26.26%和27.87%。在广州市11个区中，民办小学在校生比例超过25%的有7个区，从高到低依次是白云区（43.61%）、花都区（33.74%）、天河区（29.93%）、增城区（29.32%）、荔湾区（26.64%）、番禺区（26.19%）、海珠区（25.58%）；民办初中在校生比例超过25%的有8个区，从高到低依次是白云区（47.07%）、荔湾区（35.11%）、花都区（33.35%）、天河区（29.93%）、增城区（29.32%）、番禺区（26.19%）、黄埔区（26.09%）、海珠区（25.30%）。在穗、京、沪、深四市中，广州市民办小学、民办初中的招生比例（24.29%、27.41%）虽然均低于深圳市（44.92%、27.72%），但明显高于北京市（3.69%、7.09%）、上海市（11.12%、14.30%）。总体而言，广州市义务教育阶段民办学校学生占比偏高。《中华人民共和国义务教育法》明确规定："义务教育是国家统一实施的所有适龄儿童、少年必须接受的教育，是国家必须予以保障的公益性事业。"建议通过新建公办学校、民办学校转制、政府购买学位等多种方式提高义务教育公办学位数量和比例。

（三）多途径增加普通高中学位，继续扩充普通高中招生计划

广州市普通高中学生规模总体偏小，增幅较低。2021年，广州市普通高中招生5.48万人，在校学生16.16万人。从年度比较来看，广州市普通高中招生规模和在校生规模年均增长率均出现负增长；2021年与2020年相比，广州市普通高中招生规模和在校生规模略有提高，提高幅度分别为0.89%和1.37%，增幅较低。从城市比较来看，在穗、京、沪、深四市中，广州市普通高中无论是招生规模，还是在校生规模，均居末位，与广州市初中招生规模居于穗、京、沪、深四市首位形成强烈反差。从初中学生升学比例来看，2021年，广州市有初中毕业生114 209人，填报志愿的考生88 159人，普通高中招生54 844人。广州市初中毕业生升入广州市普通高中的比例为48.02%，广州市填报志愿考生升入广州市普通高中的比例为62.21%。可见，广州市初中毕业生升入本市普通高中的比例不及50%，这与广州市学生家长的升学愿望有较大差距。2020年以来，普通高中招生规模不断扩大。新修订的《职业教育法》第十四条明确要求"国家优化教育结构，科学配置教育资源，在义务教育后的不同阶段因地制宜、统筹推进职业教育与普通教育协调发展"。广州市作为一线城市，应重新思考人才培养结构定位问题，适度提高普通高中教育的比例。建议通过新建、扩建优质公办普通高中学校，引进优质民办普通高中学校等方式，多途径增设优质普通高中学位，扩充普通高中招生计划。

广州市中等职业学校招生规模变化分析报告

李　媛*

基于2016—2021年广州市中等职业学校招生数据，分别从总体情况，中职学校与技工学校比较，公办与民办学校比较，市属与区属学校比较，穗、京、沪、深四市比较等几个维度，分析广州市全市及各区中等职业学校招生规模及变化情况，并结合广州市中等职业教育发展现实困境，提出对策建议，以推动广州市中等职业教育高质量发展。

一、2021年广州市中等职业学校招生规模分析

（一）全市招生规模概况

1. 总体招生规模。

2021年，广州市中等职业学校（指市属、区属，下同）共有75所，当年招生总数为7.20万人。其中，由教育部门归口管理的中等职业学校（包括中等技术学校、中等师范学校、职业高中学校、附设中职班及其他中职机构，以下简称"中职学校"）有48所，当年招生数为4.01万人；由人社部门归口管理的技工学校有27所，当年招生数为3.19万人。

2. 公办与民办中职学校招生规模。

2021年，在广州市中职学校中，公办学校有37所，当年招生数为3.59万人；民办学校有9所，当年招生数为0.42万人；其他中职机构有2所，不招生。

2021年，在广州市技工学校中，公办学校有8所，民办学校有19所。在当年招生总数中，广州地区生源1.11万人。

3. 市属与区属中职学校招生规模。

2021年，广州市市属中职学校有31所，当年招生数为2.69万人，在校生数为7.55万人；区属

---

*李媛，女，教育学博士，广州市教育研究院教育规划与政策研究所办公室主任，助理研究员，主要从事职业教育政策研究。

中职学校有17所，当年招生数为1.32万人，在校生数为33.96万人。

（二）各区招生规模概况

2021年，在广州11个区中，各区至少开办1所公办普通中职学校。其中，番禺区的普通中职学校规模最大，有3所公办学校，当年招生数为0.35万人；其次是增城区，也有3所公办普通中职学校，当年招生数为0.24万人；再次是花都区，有2所公办普通中职学校，当年招生数为0.15万人。其他区招生规模皆不足千人，按照招生规模降次排序分别是海珠区（949人），从化区（826人），白云区（811人），越秀区（731人），荔湾区（707人），黄埔区（703人），天河区（585人）以及南沙区（529人）。

（三）穗、京、沪、深招生规模

1. 广州市中职学校招生规模在四市中位居首位。

2021年，广州市中职学校招生数为4.01万人，招生规模在四市中位列第一；上海市中职学校招生数为3.87万人，招生规模略低于广州市，位列第二。北京市和深圳市中职学校招生数均不足1.5万人，招生规模在四市中居后。

2. 广州市中职学校招生数占中等职业学校招生总数的比例在三市中位居首位。

2021年，广州市中职学校招生数为4.01万人，占当年中等职业学校招生总数的55.70%，该比例在三市（由于上海市数据不全，不参与比较）中位列第一；北京市中职学校招生数为1.44万人，占当年中等职业学校招生总数的54.14%，该比例在三市中位列第二；深圳市中职学校招生数为1.41万人，占当年中等职业学校招生总数的46.09%，该比例在三市中最低。（见表2-2-1）

表2-2-1　2021年穗、京、沪、深中等职业学校招生规模情况

城市	中等职业学校		中职学校		中职学校招生数占比/%
	学校数/所	招生数/万人	学校数/所	招生数/万人	
广州市	75	7.20	48	4.01	55.70
北京市	109	2.66	86	1.44	54.14
上海市	—	—	87	3.87	—
深圳市	26	3.06	15	1.41	46.09

二、2016—2021年广州市中等职业学校招生规模变化情况分析

（一）全市招生规模变化情况分析

1. 总体态势与变化幅度。

（1）中等职业学校招生规模呈现小幅度波动，但总体较为稳定。2016—2021年，广州市中等职业学校招生人数在6.19万人与7.20万人之间波动，2021年广州市中等职业学校招生人数为7.20万人，比2016年增加0.10万人，年均增长率为0.28%，招生规模总体较为稳定。

（2）中职学校招生规模总体上升，技工学校招生规模总体下降。2016—2021年，广州市中职学校招生人数由2016年的3.46万人增加到2021年的4.01万人，增加了0.55万人，增长率为15.90%，年均增长率为3.18%，总体呈增长趋势。其间，2017年和2020年的招生规模出现小幅度回落。2017年广州市中职学校招生人数为2.95万人，比2016年减少了0.51万人，之后连续两年招生人数逐年增加，到2019年招生人数为3.62万人，已超出2016年招生数；2020年广州市中职学校招生人数为3.51万人，比2019年减少了0.11万人，2021年招生规模回涨，当年招生人数为4.01万人，为六年中最大规模。

2016—2021年，广州市技工学校招生人数由2016年的3.64万人减少到2021年的3.19万人，减少了0.45万人，增长率为-12.36%，年均增长率为-2.47%，总体呈缩减趋势。

表2-2-2　2016—2021年广州市中等职业学校招生规模变化情况

学校	人数/万人						年均增长率/%
	2016年	2017年	2018年	2019年	2020年	2021年	
中职学校	3.46	2.95	3.17	3.62	3.51	4.01	3.18
技工学校	3.64	3.24	3.35	3.41	3.36	3.19	-2.47
总计	7.10	6.19	6.52	7.03	6.87	7.20	0.28

2. 公办与民办中职学校招生规模变化情况分析。

（1）广州市公办中职学校招生规模总体上升。2016—2021年，广州市公办中职学校招生人数由2016年3.04万人增加到2021年3.59万人，增加了0.55万人，增长率为18.09%，年均增长率为3.62%。

（2）广州市民办中职学校招生规模总体稳定。2016—2021年，广州市民办中职学校招生规模总体较为稳定，2021年广州市民办中职学校招生人数为0.42万人，与2016年招生人数相同。

表2-2-3　2016—2021年广州市公办与民办中职学校招生规模变化情况

中职学校	人数/万人						年均增长率/%
	2016年	2017年	2018年	2019年	2020年	2021年	
公办	3.04	2.64	2.81	3.13	3.07	3.59	3.62
民办	0.42	0.31	0.36	0.48	0.44	0.42	0.00

3. 市属与区属中职学校招生规模变化情况分析。

（1）广州市市属中职学校招生规模总体上升。2016—2021年，广州市市属中职学校招生人数由2016年的2.10万人增加到2021年的2.69万人，增加了0.59万人，增长率为28.10%，年均增长率为5.62%。

（2）广州市区属中职学校招生规模总体下降。2016—2021年，广州市区属中职学校招生人数由2016年的1.36万人减少到2021年的1.32万人，减少了0.04万人，增长率为-2.94%，年均增长率为-0.59%。

表2-2-4　2016—2021年广州市属与区属中职学校招生规模变化情况

中职学校	人数/万人						年均增长率/%
	2016年	2017年	2018年	2019年	2020年	2021年	
市属	2.10	1.72	1.93	2.27	2.09	2.69	5.62
区属	1.36	1.23	1.24	1.34	1.42	1.32	-0.59

（二）各区中职学校招生规模变化情况分析

（1）荔湾区和番禺区中职学校招生规模总体上升。2016—2021年，广州市荔湾区中职学校招生人数由2016年360人增加到2021年707人，增加了347人，增长率为96.39%，年均增长率为19.28%；广州市番禺区中职学校招生人数由2016年的2691人增加到2021年的3507人，增加了816人，增长率为30.32%，年均增长率为6.06%。

（2）9个区中职学校招生规模明显下降，其中白云区招生数下降速度最大。2016—2021年，除荔湾区和番禺区外，广州市其他9个区中职学校招生规模均呈现下降趋势。其中白云区招生人数下降率最高，招生规模由2016年的1353人下降到2021年的811人，招生人数减少了542人，增长率为-40.06%，年均增长率为-8.01%。

表2-2-5　2016—2021年广州市各区中职学校招生规模变化情况

区域	人数/人						2021年较2016年增长率/%	年均增长率/%
	2016年	2017年	2018年	2019年	2020年	2021年		
荔湾区	360	349	304	401	651	707	96.39	19.28
越秀区	904	624	585	874	512	731	−19.14	3.83
海珠区	948	820	907	353	832	949	0.11	0.02
天河区	634	480	514	589	649	585	−7.73	−1.55
白云区	1353	1136	712	733	785	811	−40.06	−8.01
黄埔区	815	644	800	771	854	703	−13.74	−2.75
番禺区	2691	3055	3152	3332	3430	3507	30.32	6.06
花都区	1984	1465	1818	2065	1973	1463	−26.26	−5.25
南沙区	567	450	598	712	630	529	−6.70	−1.34
从化区	877	1109	615	783	800	826	−5.82	−1.16
增城区	2513	2208	2369	2814	3070	2431	−3.26	−0.65

（三）穗、京、沪、深招生规模变化情况分析

（1）广州市、上海市与深圳市中职学校招生规模总体上升。与2016年相比，广州市、北京市、上海市与深圳市中职学校2021年招生规模增长率分别为15.09%，−29.49%，43.33%和0.71%；2016—2021年，四市中职学校招生规模年均增长率分别为3.18%，−5.90%，8.67%和0.14%，其中广州市在四市中位列第二，仅低于上海市。

（2）广州市中职学校招生规模增长幅度高于技工学校，深圳市则相反。与2016年相比，广州市中等职业学校2021年招生规模增长率为1.41%，低于中职学校的招生规模增长率（15.90%），说明广州市中职学校招生规模增长幅度高于技工学校。同样，与2016年相比，深圳市中等职业学校2021年招生规模增长率为25.00%，高于中职学校的招生规模增长率（0.71%），说明深圳市中职学校增长幅度不及技工学校。

表2-2-6　2016—2021年穗、京、沪、深中等职业学校招生规模变化情况

城市	学校	人数/万人						2021年较2016年增长率/%	年均增长率/%
		2016年	2017年	2018年	2019年	2020年	2021年		
广州市	中等职业学校	7.10	6.19	6.52	7.03	6.87	7.20	1.41	0.28
	中职学校	3.46	2.95	3.17	3.62	3.51	4.01	15.90	3.18
北京市	中等职业学校	3.55	2.49	2.46	2.16	2.61	2.66	−25.07	−5.01
	中职学校	2.34	1.94	1.44	1.26	1.60	1.65	−29.49	−5.90

（续表）

城市	学校	人数/万人						2021年较2016年增长率/%	年均增长率/%
		2016年	2017年	2018年	2019年	2020年	2021年		
上海市	中等职业学校	3.01	2.87	2.84	2.86	3.30	—	—	—
	中职学校	2.70	2.59	2.46	2.49	2.97	3.87	43.33	8.67
深圳市	中等职业学校	2.44	2.37	2.55	2.82	2.73	3.05	25.00	5.00
	中职学校	1.40	1.30	1.29	1.38	1.25	1.41	0.71	0.14

三、政策建议

（一）适当降低中职学校招生规模，推动全市中职学校办学条件达标

近年来，国家中等职业教育规模整体呈萎缩态势，但广州市中职学校招生规模却不断上升，且增长速度明显高于技工学校，这在一定程度上表明广州市中等职业教育具有一定的社会吸引力，其基础性地位得到不断巩固。通过数据分析发现，广州市中等职业学校招生规模逐步扩大，高中阶段招生职普比倒挂趋势明显，职业教育与普通教育协调发展目标逐渐偏离。且由于招生规模增长迅速，学校办学条件改善相对滞后，使得广州市很多中职学校办学条件无法达标。为解决中职学校招生规模增长所导致的职普不协调发展与办学条件改善滞后的问题，建议广州市有关部门在保持职普比大体相当的基础上，适当降低中职学校招生规模。对于招生困难的中职学校，考虑与其他中职学校合并，统一分配招生名额；对于招生困难的专业，根据市场淘汰机制逐步停止招生。

（二）引导鼓励招生困难的民办中职学校由学历教育向职业培训转型

通过数据分析发现，广州市民办中职学校招生规模一直处于稳定状态，但民办学校总体招生人数较少，2021年广州市民办中职学校招生数占总招生数的10.53%。全市9所民办学校在校生12 669人，平均每所民办学校约有在校生1408人，不足常规1500人规模标准，表明9所民办学校整体发展一般，其中有小规模学校存在。2002年颁布的《中华人民共和国民办教育促进法》提出举办实施以职业技能为主的职业资格培训、职业技能培训的民办学校，实际上是为当前我国进入瓶颈期的民办中职学校发展指明了出路。为此，建议广州市政府引导鼓励办学相对困难的民办学校打开转型发展思路，响应国家政策及社会经济发展需求，由学历教育向职业技能培训

转型，提高社会服务能力。

（三）加大对番禺区中等职业教育市级投入，打造广州市中等职业教育示范区

通过数据分析发现，番禺区的3所公办中职学校不仅在校生规模相对较大，且招生规模连续六年持续增长，足以展现该区中等职业教育良好发展态势。番禺区政府对职业教育发展非常重视，广州市也应以此为基础，加大市级财政对番禺区中等职业教育的投入和支持力度，发挥番禺区中等职业教育发展优势与特色，结合番禺区自身产业特色与经济发展情况，推进产教融合、校企合作，鼓励区域职业教育创新改革发展，市区共同打造广州市中等职业教育示范区。

广州市幼儿园幼儿规模变化分析报告

刘　霞*

　　基于2016—2021年广州市及各区幼儿园招生数、在园幼儿数、常住人口数等统计数据，从总体概况，区域比较，公办与民办比较，穗、京、沪、深四市比较等几个维度，分析广州市幼儿园招生及在园幼儿规模变化情况，结合广州市学前教育发展面临的现实困境，提出相应的政策建议。

一、2021年广州市幼儿园幼儿规模概况

　　2021年，广州市全市幼儿园招生数为20.68万人。其中，公办幼儿园招生数为11.42万人，占比为55.19%；民办幼儿园招生数为9.27万人，占比为44.81%。

　　全市在园幼儿总数为63.32万人。其中，公办幼儿园在园幼儿数为33.78万人，占比为53.35%；民办幼儿园在园幼儿数为29.54万人，占比为46.65%；普惠性民办幼儿园在园幼儿数为20.28万人，占比为32.03%。

二、2021年广州市各区幼儿园幼儿规模比较分析

（一）广州市各区幼儿园招生规模比较分析

1. 广州市各区幼儿园招生规模总量差距较大。

　　2021年，从幼儿园招生规模来看，招生数靠前的三个区分别是白云区、增城区、番禺区，在全市占比分别为16.83%、15.59%、15.16%；靠后的三个区分别是荔湾区、越秀区、从化区，在全市占比分别为4.54%、4.79%、5.05%。幼儿园招生规模最大的区（白云区）是最少的区（荔湾区）的三倍多。（见图2-3-1）

---

　　* 刘霞，女，广州市教育研究院研究员，主要研究方向为学前教育基本理论、教育政策等。

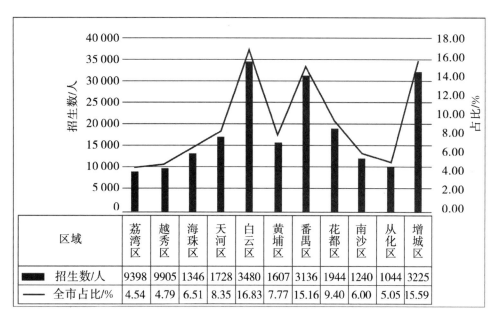

区域	荔湾区	越秀区	海珠区	天河区	白云区	黄埔区	番禺区	花都区	南沙区	从化区	增城区
■ 招生数/人	9398	9905	1346	1728	3480	1607	3136	1944	1240	1044	3225
—— 全市占比/%	4.54	4.79	6.51	8.35	16.83	7.77	15.16	9.40	6.00	5.05	15.59

图2-3-1　2021年广州市各区幼儿园招生规模比较分析

2. 广州市各区公办、民办幼儿园招生规模总量差距大；公办和普惠性幼儿园在该区的招生数占比差距较大。

2021年，从招生规模来看，公办幼儿园招生数靠前的三个区分别是白云区（2.06万人）、增城区（1.85万人）、番禺区（1.71万人），靠后的三个区分别是越秀区（0.48万人）、从化区（0.52万人）、荔湾区（0.54万人）；公办幼儿园招生规模最大的区（白云区）是最少的区（越秀区）的四倍多。普惠性幼儿园（包括公办幼儿园和普惠性民办幼儿园）招生数靠前的三个区分别是白云区（3.14万人）、番禺区（2.84万人）、增城区（2.72万人），靠后的三个区分别是越秀区（0.79万人）、荔湾区（0.79万人）、从化区（0.83万人）；普惠性幼儿园招生规模最大的区（白云区）约是最小的区（越秀区）的四倍。（见表2-3-1）

从占比来看，公办幼儿园招生数占比靠前的三个区分别是南沙区、白云区、荔湾区，占该区幼儿园招生数的比例分别为60.49%、59.21%、57.47%，靠后的三个区分别是越秀区、从化区、天河区，占该区幼儿园招生数的比例分别为48.72%、49.55%、49.62%；占比最高的区（南沙区）比占比最低的区（越秀区）高了近12个百分点。普惠性幼儿园招生数占比靠前的三个区分别是南沙区、番禺区、白云区，占该区幼儿园招生数的比例分别为92.93%、90.74%、90.22%，靠后的三个区分别是花都区、从化区、越秀区，占该区幼儿园招生数的比例分别为73.06%、79.05%、79.58%；占比最高的区（南沙区）比占比最低的区（花都区）高了近20个百分点。（见表2-3-1）

表2-3-1　2021年广州市各区公办、民办幼儿园招生规模分析

区域	公办幼儿园招生数及占比		普惠性民办幼儿园招生数及占比		普惠性幼儿园招生数及占比		民办幼儿园招生数及占比	
	人数/人	区域占比/%	人数/人	区域占比/%	人数/人	区域占比/%	人数/人	区域占比/%
荔湾区	5401	57.47	2483	26.42	7884	83.89	3997	42.53
越秀区	4826	48.72	3056	30.85	7882	79.58	5079	51.28
海珠区	7651	56.81	3975	29.52	11 626	86.33	5816	43.19
天河区	8574	49.62	6169	35.70	14 743	85.31	8707	50.38
白云区	20 606	59.21	10 792	31.01	31 398	90.22	14 197	40.79
黄埔区	8025	49.93	5130	31.91	13 155	81.84	8049	50.07
番禺区	17 093	54.50	11 367	36.24	28 460	90.74	14 271	45.50
花都区	10 799	55.53	3408	17.53	14 207	73.06	8647	44.47
南沙区	7502	60.49	4024	32.44	11 526	92.93	4901	39.51
从化区	5178	49.55	3082	29.50	8260	79.05	5271	50.45
增城区	18 513	57.39	8691	26.94	27 204	84.34	13 744	42.61
全市	114 168	55.19	62 177	30.06	176 345	85.25	92679	44.81

（二）广州市各区幼儿园在园幼儿规模比较分析

1. 广州市各区幼儿园在园幼儿规模差距大，按千人学位指标测算各区幼儿园学位缺口差异较大。

2021年，从各区在园幼儿的绝对规模来看，在园幼儿数靠前的三个区分别是白云区（11.44万人）、番禺区（9.79万人）、增城区（7.99万人），靠后的三个区分别是荔湾区（3.19万人）、从化区（3.26万人）、越秀区（3.40万人）；在园幼儿数最大的区（白云区）是最少的区（荔湾区）的三倍多。（见图2-3-2）。

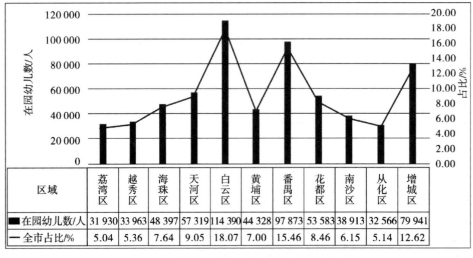

图2-3-2　2021年广州市各区在园幼儿规模比较分析

幼儿园是配套的公共服务设施，本报告以常住人口数、相关的公共服务设施设置标准为依据对幼儿园学位规模总量进行分析。教育设施千人指标作为教育设施布局规划中预测设施规模的重要指标，直接反映了各学龄段学生的数量结构。[①]广州市各区幼儿园千人学位指标现状差异较大，一定程度上说明现有幼儿园学位规模对常住人口入园需求的满足程度不同。天河区幼儿园千人学位指标最低，仅为26座；增城区最高，为52座。按40座的标准，[②]结合各区常住人口数进行测算可以发现，广州市各区幼儿园学位缺口差异较大。按幼儿园学位缺口数，可将11个区分为四个等级：第一等级是幼儿园学位缺口居前的两个区——白云区和天河区，其学位缺口都在3万人以上；第二等级为幼儿园学位缺口在10 000～30 000人的区，分别为荔湾区、海珠区、番禺区、花都区；第三等级是幼儿园学位缺口在10 000人以下的区，分别为越秀区、黄埔区；第四等级为幼儿园学位供给相对充足的区，包括南沙区、从化区、增城区，其幼儿园学位不存在缺口且有富余。由上可见，广州市各区幼儿园学位供给量区域差距大，需要进一步提高幼儿园布局的科学性、合理性。（见表2-3-2）

表2-3-2 2021年广州市各区幼儿园学位缺口比较分析

区域	常住人口数/万人	在园幼儿数/人	千人学位指标/座	应提供学位数/座	学位缺口/座
荔湾区	112.96	31 930	28	45 184	−13 254
越秀区	104.90	33 963	32	41 960	−7997
海珠区	182.18	48 397	27	72 872	−24 475
天河区	223.86	57 319	26	89 544	−32 225
白云区	368.91	114 390	31	147 564	−33 174
黄埔区	119.79	44 328	37	47 916	−3588
番禺区	281.83	97 873	35	112 732	−14 859
花都区	170.93	53 583	31	68 372	−14 789
南沙区	90.04	38 913	43	36 016	2897
从化区	72.74	32 566	45	29 096	3470
增城区	152.92	79 941	52	61 168	18 773

①丁成呈.“全面二孩”背景下基础教育设施千人指标研究：以合肥市为例［R］.持续发展 理性规划：2017中国城市规划年会论文集（11城市总体规划）［C］，2017-11-18.

②广东省人民政府办公厅2018年7月19日印发的《广东省促进学前教育普惠健康发展行动方案》中提出：各县（市、区）政府要组织有关部门按照城镇幼儿园千人学位数不低于40座的标准，测算学位需求。

2. 广州市各区公办、民办幼儿园在园幼儿规模差距大；公办和普惠性幼儿园在园幼儿占比差距较大。

2021年，从在园幼儿规模来看，公办幼儿园在园幼儿数靠前的三个区分别是白云区（6.44万人）、番禺区（5.18万人）、增城区（4.35万人），靠后的三个区分别是从化区（1.63万人）、越秀区（1.68万人）、荔湾区（1.74万人）；公办幼儿园在园幼儿数最多的区（白云区）约是最少的区（从化区）的四倍。普惠性幼儿园在园幼儿数靠前的三个区分别是白云区（10.29万人）、番禺区（8.77万人）、增城区（6.70万人），靠后的三个区分别是从化区（2.66万人）、荔湾区（2.67万人）、越秀区（2.68万人）；普惠性幼儿园在园幼儿数最多的区（白云区）约是最少的区（从化区）的四倍。（见表2-3-3）。

从占比来看，公办幼儿园在园幼儿数占比靠前的三个区分别是白云区、南沙区、海珠区，占该区幼儿园在园幼儿数的比例分别为56.32%、55.31%、54.62%，靠后的三个区分别是黄埔区、越秀区、从化区，占该区幼儿园在园幼儿数的比例分别为49.31%、49.32%、50.09%；占比最高的区（白云区）比占比最低的区（黄埔区）高了7个百分点。需要注意的是，黄埔区、越秀区两个区的公办幼儿园在园幼儿数占比未达到广州市人民政府办公厅《关于印发广州市促进学前教育普惠健康发展行动方案的通知》（以下简称《普惠行动方案》）中规定的"公办幼儿园在园幼儿数占比达到50%以上"的目标。普惠性幼儿园在园幼儿数占比靠前的三个区分别是南沙区、白云区、番禺区，占该区幼儿园在园幼儿数的比例分别为92.50%、90.00%、89.55%，占比靠后的三个区分别是花都区、越秀区、从化区，占该区幼儿园在园幼儿数的比例分别为72.26%、79.04%、81.69%；占比最高的区（南沙区）比占比最低的区（花都区）高了20个百分点。需要注意的是，花都区、越秀区两个区的公办幼儿园在园幼儿数占比未达到《普惠行动方案》中规定的"普惠性幼儿园在园幼儿数占比达到80%以上"的目标。（见表2-3-3）

表2-3-3 2021年广州市各区公办、民办幼儿园在园幼儿规模分析

区域	公办幼儿园在园幼儿数及占比		普惠性民办幼儿园在园幼儿数及占比		普惠性幼儿园在园幼儿数及占比		民办幼儿园在园幼儿数及占比	
	人数/人	占比/%	人数/人	占比/%	人数/人	占比/%	人数/人	占比/%
荔湾区	17 409	54.52	9292	29.10	26 701	83.62	14 521	45.48
越秀区	16 752	49.32	10 092	29.71	26 844	79.04	17 211	50.68
海珠区	26 436	54.62	15 036	31.07	41 472	85.69	21 961	45.38
天河区	28 930	50.47	20 502	35.77	49 432	86.24	28 389	49.53

（续表）

区域	公办幼儿园在园幼儿数及占比		普惠性民办幼儿园在园幼儿数及占比		普惠性幼儿园在园幼儿数及占比		民办幼儿园在园幼儿数及占比	
	人数/人	占比/%	人数/人	占比/%	人数/人	占比/%	人数/人	占比/%
白云区	64 428	56.32	38 521	33.68	102 949	90.00	49 962	43.68
黄埔区	21 860	49.31	15 371	34.68	37 231	83.99	22 468	50.69
番禺区	51 806	52.93	35 844	36.62	87 650	89.55	46 067	47.07
花都区	28 911	53.96	9810	18.31	38 721	72.26	24 672	46.04
南沙区	21 524	55.31	14 471	37.19	35 995	92.50	17 389	44.69
从化区	16 313	50.09	10 289	31.59	26 602	81.69	16 253	49.91
增城区	43 472	54.38	23 548	29.46	67 020	83.84	36 469	45.62
全市	337 841	53.35	202 776	32.02	540 617	85.38	295 362	46.65

三、2016—2021年广州市幼儿园幼儿规模变化比较分析

（一）幼儿园招生规模变化趋势分析

1. 全市幼儿园招生规模2016—2020年持续增长，2021年有所下降。

2016—2021年，全市幼儿园招生数由2016年的17.43万人增加到2021年的20.68万人，增长了3.26万人，增长率为18.69%，年均增长率为3.74%。全市幼儿园招生数环比增长率最高出现在2019—2020年，为14.91%；2021年幼儿园招生数较2020年环比下降了6.80%。（见图2-3-3）

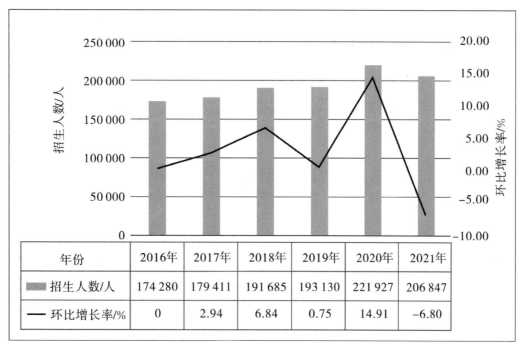

图2-3-3　2016—2021年广州市幼儿园招生规模变化趋势分析

2. 全市公办幼儿园招生规模总体呈现持续增长的态势，普惠性幼儿园招生规模2016—2020年持续增长，2021年有所下降，普惠性民办幼儿园和民办幼儿园招生规模先升后降。

2016—2021年，全市公办幼儿园招生数由2016年的6.14万人增加到2021年的11.42万人，增长率为85.83%，年均增长率为17.17%。环比增长率最高出现在2019—2020年，为58.52%；环比增长率最低出现在2016—2017年，为-3.10%。（见表2-3-4）

普惠性幼儿园招生数由2016年的12.70万人增加到2021年的17.63万人，增长率为38.89%，年均增长率为7.78%。环比增长率最高出现在2019—2020年，为24.51%；环比增长率最低出现在2020—2021年，为-7.09%。（见表2-3-4）

普惠性民办幼儿园和民办幼儿园招生规模呈现先升后降的基本态势。2016—2021年，普惠性民办幼儿园招生数由2016年的6.55万人减少到2021年的6.22万人，增长率为-5.11%，年均增长率为-1.02%。民办幼儿园招生数由2016年的11.27万人减少到2021年的9.27万人，增长率为-17.80%，年均增长率为-3.56%。（见表2-3-4）

表2-3-4 2016—2021年广州市公办、民办幼儿园招生规模变化趋势分析

幼儿园	年度招生数/人						2021年较2016年增长率/%	年均增长率/%
	2016年	2017年	2018年	2019年	2020年	2021年		
公办幼儿园	61 438	59 532	66 344	67 679	107 288	114 168	85.83	17.17
普惠性幼儿园	126 963	129 450	149 908	152 441	189 806	176 345	38.89	7.78
普惠性民办幼儿园	65 525	69 918	83 564	84 762	82 518	62 177	-5.11	-1.02
民办幼儿园	112 742	119 879	125 341	125 451	114 639	92 679	-17.80	-3.56

（二）幼儿园在园幼儿规模变化趋势分析

1. 全市幼儿园在园幼儿规模持续增长，按幼儿园千人学位指标测算幼儿园学位缺口较大。

2016—2021年，全市幼儿园在园幼儿数由2016年的46.26万人增加到2021年的63.32万人，增长了17.06万人，增长率为36.89%，年均增长率为7.38%。全市幼儿园在园幼儿数环比增长率最高出现在2020—2021年，为10.21%；环比增长率最低出现在2017—2018年，为3.03%。（见图2-3-4）

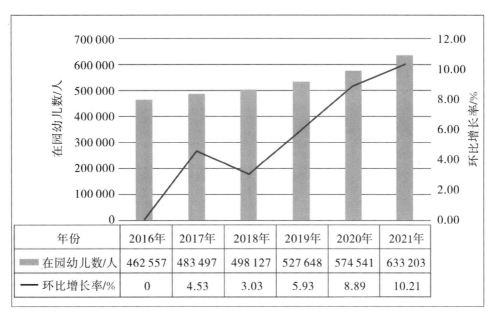

年份	2016年	2017年	2018年	2019年	2020年	2021年
在园幼儿数/人	462 557	483 497	498 127	527 648	574 541	633 203
环比增长率/%	0	4.53	3.03	5.93	8.89	10.21

图2-3-4 2016—2021年广州市幼儿园在园幼儿规模变化趋势分析

2017年，为努力扩充幼儿园学位、缓解"入园难"问题，深圳市国土规划部门有关文件已调整提高规划幼儿园配建标准，将幼儿园千人学位指标由33座提高到40座，相应调整了服务人口规模。[①]2018年7月19日，广东省人民政府办公厅印发的《广东省促进学前教育普惠健康发展行动方案》中明确提出：各县（市、区）政府要组织有关部门按照城镇幼儿园千人学位数不低于40座的标准，测算学位需求。2016—2021年，广州市幼儿园千人学位一直处于31~34座的较低水平。按40座的标准和广州市的常住人口数量进行测算，每年应供给的幼儿园学位缺口都较大，说明广州市幼儿园学位尚不能充分满足常住人口的需求。（见表2-3-5）

表2-3-5 2016—2021年广州市幼儿园学位缺口分析

类别	2016年	2017年	2018年	2019年	2020年	2021年
常住人口数/万人	1404.35	1449.84	1490.44	1530.59	1867.66	1881.06
在园幼儿数/人	462 557	483 497	498 127	527 648	574 541	633 203
千人学位指标/座	33	33	33	34	31	34
应提供学位数/座	561 740	579 936	596 176	612 236	747 064	752 424
学位缺口/座	−99 183	−96 439	−98 049	−84 588	−172 523	−119 221

2. 全市公办幼儿园和普惠性幼儿园在园幼儿规模呈持续增长的态势，普惠性民办幼儿园和民办幼儿园在园幼儿规模先升后降。

————————
①张小玲.深圳提高幼儿园千人学位指标［N］.南方都市报，2017-06-12（SA01）.

2016—2021年，全市公办幼儿园在园幼儿数由2016年的15.48万人增加到2021年的33.78万人，增长率为118.20%，年均增长率为23.64%。环比增长率最高出现在2019—2020年，为41.44%；环比增长率最低出现在2016—2017年，为2.53%。（见表2-3-6）

普惠性幼儿园在园幼儿数由2016年的33.96万人增加到2021年的54.06万人，增长率为59.21%，年均增长率为11.84%。环比增长率最高出现在2019—2020年，为15.38%；环比增长率最低出现在2016—2017年，为4.58%。（见表2-3-6）

普惠性民办幼儿园和民办幼儿园在园幼儿规模呈现先升后降的基本态势。2016—2021年，普惠性民办幼儿园在园幼儿数由2016年的18.47万人增加到2021年的20.28万人，增长率为9.77%，年均增长率为1.95%。民办幼儿园在园幼儿数2016年的30.77万人减少到2021年的29.54万人，增长率为-4.02%，年均增长率为-0.80%。（见表2-3-6）

表2-3-6　2016—2021年广州市公办、民办幼儿园在园幼儿规模变化趋势分析

幼儿园	年度在园幼儿规模/人						2021年较2016年增长率/%	年均增长率/%
	2016年	2017年	2018年	2019年	2020年	2021年		
公办幼儿园	154 829	158 743	165 133	182 134	257 615	337 841	118.20	23.64
普惠性幼儿园	339 554	355 110	389 837	419 657	484 212	540 617	59.21	11.84
普惠性民办幼儿园	184 725	196 367	224 704	237 523	226 597	202 776	9.77	1.95
民办幼儿园	307 728	324 754	332 994	345 514	316 926	295 362	-4.02	-0.80

四、穗、京、沪、深幼儿园幼儿规模比较分析

（一）穗、京、沪、深幼儿园招生规模比较

1. 2021年，广州市幼儿园招生规模在四市中位居第一；2016—2021年，广州市幼儿园招生规模年均增长率位居第二。

2021年，广州市幼儿园招生数为20.68万人，在四市中位居第一。2016—2021年，广州市幼儿园招生规模的年均增长率（3.74%）位居第二，高于深圳（2.17%）、上海（-1.86%）。（见表2-3-7）

表2-3-7 2016—2021年穗、京、沪、深幼儿园招生规模比较

城市	年度幼儿园招生规模/人						2021年较2016年增长率/%	年均增长率/%
	2016年	2017年	2018年	2019年	2020年	2021年		
广州	174 280	179 411	191 685	193 130	221 927	206 847	18.69	3.74
北京	150 941	160 478	165 130	168 166	221 767	190 211	26.02	5.20
上海	196 370	202 469	188 991	187 467	199 906	178 087	−9.31	−1.86
深圳	173 978	202 474	199 075	179 844	187 135	192 828	10.83	2.17

2. 2021年，广州市公办幼儿园招生数在四市中位居第二；2016—2021年，广州市公办幼儿园招生规模年均增长率位位居第二。

2021年，广州市公办幼儿园招生数为11.42万人，在四市中位居第二。2016—2021年，穗、京、沪、深公办幼儿园招生数总体呈现持续增长的态势，广州市公办幼儿园招生规模年均增长率（17.17%）位居第二，仅次于深圳（190.89%）。（见表2-3-8）

表2-3-8 2016—2021年穗、京、沪、深公办和民办幼儿园招生规模比较

城市		年度幼儿园招生规模/人						2021年较2016年增长率/%	年均增长率/%
		2016年	2017年	2018年	2019年	2020年	2021年		
广州	公办	61 438	59 532	66 344	67 679	107 288	114 168	85.83	17.17
	民办	112 742	119 879	125 341	125 451	114 639	92 679	−17.8	−3.56
北京	公办	94 338	94 872	102 732	104 368	123 603	107 683	14.15	2.83
	民办	56 603	65 606	62 398	63 798	98 164	82 528	45.80	9.16
上海	公办	135 717	140 742	135 698	135 869	148 261	132 559	−2.33	−0.47
	民办	60 653	61 727	53 293	51 598	51 645	45 528	−24.94	−4.99
深圳	公办	9872	10 347	12 989	17 121	99 544	104 095	954.45	190.89
	民办	164 106	192 127	186 086	162 723	87 591	88 733	−45.93	−9.19

（二）穗、京、沪、深幼儿园在园幼儿规模及变化情况

1. 穗、京、沪、深幼儿园在园幼儿规模总量比较。

（1）2021年，广州市幼儿园在园幼儿数在四市中位居第一；按千人学位指标测算广州市幼儿园学位缺口在四市中位居第三。2021年，广州市幼儿园在园幼儿数为63.32万人，在四市中位居第一，高于深圳（59.76万人）、北京（56.67万人）、上海（56.01万人）。2021年，全国幼儿

园在园幼儿数达到4805.20万人，①从占比来看，广州市幼儿园在园幼儿数占全国幼儿园在园幼儿数的比例为1.32%，在四市中位居第一，高于深圳（1.24%）、北京（1.18%）、上海（1.17%）。（见图2-3-5）

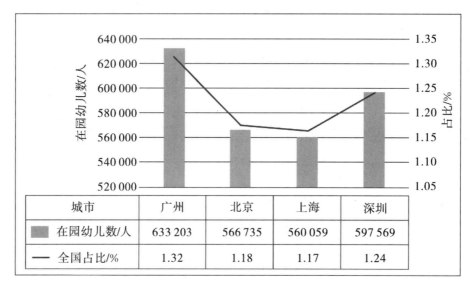

城市	广州	北京	上海	深圳
在园幼儿数/人	633 203	566 735	560 059	597 569
全国占比/%	1.32	1.18	1.17	1.24

图2-3-5 2021年穗、京、沪、深在园幼儿规模总量比较

2021年，广州市幼儿园千人学位指标为34座，在四市中位居第一。按40座的标准，结合四市常住人口数进行测算可以发现，广州市幼儿园学位缺口（11.92万座）在四市中位居第三，仅高于深圳（10.97万座），低于上海（43.57万座）、北京（30.87万座）。（见表2-3-9）

表2-3-9 2021年穗、京、沪、深幼儿园学位缺口分析

城市	常住人口数/万人	在园幼儿数/人	千人学位指标/座	应提供学位数/座	学位缺口/座
广州	1881.06	633 203	34	752 424	-119 221
北京	2188.6	566 735	30	875 440	-308 705
上海	2489.43	560 059	30	995 772	-435 713
深圳	1768.16	597 569	32	707 264	-109 695

（2）2016—2021年，广州市幼儿园在园幼儿规模年均增长率在四市中位居第一。2016—2021年，除上海市外，广州、北京、深圳三市幼儿园在园幼儿规模均保持逐年增长的基本态势。广州市幼儿园在园幼儿规模年均增长率为7.38%，在四市中位居第一。广州市幼儿园在园幼儿规模从2016年的46.26万人增加到2021年的63.32万人，增长率为36.89%，在四市中位居第一，

---

①杜雨敖. 教育部：2021年全国幼儿园数达到29.5万所，幼儿园园长和专任教师总数超过350万人［N/OL］. 新民晚报，2022-04-26［2022-06-29］. http://www.moe.gov.cn/fbh/live/2022/54405/mtbd/202204/t20220426_622038.html.

高于北京（35.91%）、深圳（28.98%）、上海（0.64%）。（见表2-3-10）

表2-3-10　2016—2021年穗、京、沪、深幼儿园在园幼儿数变化情况

城市	年度在园幼儿数/人						2021年较2016年增长率/%	年均增长率/%
	2016年	2017年	2018年	2019年	2020年	2021年		
广州	462 557	483 497	498 127	527 648	574 541	633 203	36.89	7.38
北京	416 982	445 535	450 645	467 595	525 878	566 735	35.91	7.18
上海	556 506	572 744	571 412	569 745	571 499	560 059	0.64	0.13
深圳	463 319	504 955	524 193	545 032	559 674	597 569	28.98	5.80

2. 2021年，广州市公办幼儿园在园幼儿数在四市中位居第二；2016—2021年，广州市公办幼儿园在园幼儿数年均增长率位居第二。

2021年，广州市公办幼儿园在园幼儿规模为33.78万人，在四市中位居第二，仅低于上海（41.42万人）。2016—2021年，穗、京、沪、深公办幼儿园在园幼儿数总体呈现持续增长的态势，广州市公办幼儿园在园幼儿数年均增长率（23.64%）位居第二，仅次于深圳（197.26%）。（见表2-3-11）

表2-3-11　2016—2021年穗、京、沪、深、公办和民办幼儿园在园幼儿数变化情况

城市		年度在园幼儿数/人						2021年较2016年增长率/%	年均增长率/%
		2016年	2017年	2018年	2019年	2020年	2021年		
广州	公办	154 829	158 743	165 133	182 134	257 615	337 841	118.20	23.64
	民办	307 728	324 754	332 994	345 514	316 926	295 362	−4.02	−0.80
北京	公办	266 041	285 057	284 518	295 103	314 789	326 827	22.85	4.57
	民办	150 941	160 478	166 127	172 492	211 089	239 908	58.94	11.79
上海	公办	384 003	399 026	403 578	406 580	418 078	414 245	7.88	1.58
	民办	172 503	173 718	167 834	163 165	153 421	145 814	−15.47	−3.09
深圳	公办	28 331	26 855	29 931	42 530	284 744	307 761	986.30	197.26
	民办	434 988	478 100	494 262	502 502	274 930	289 808	−33.38	−6.68

五、政策建议

（一）以常住人口为基数，统筹规划广州市幼儿园学位供给

要确保幼儿园学位供给总量充足，必须以常住人口数为基数统筹规划幼儿园在园幼儿规模。2012年7月国务院印发的《国家基本公共服务体系"十二五"规划》也明确提出，要逐步将基本公共服务领域各项法律法规和政策与户口性质相脱离，保障符合条件的外来人口与本地居民平等享有基本公共服务，逐步实现基本公共服务由户籍人口向常住人口进行扩展。[①]2019年12月，东莞市教育局、东莞市自然资源局印发的《东莞市基础教育设施专项规划编制指引》规定，东莞市每千人需配幼儿园、小学、初中、高中学位分别为45座、95座、40座、40座（其中普通高中25座、中职15座）。[②]

广州市统计局发布的《2021年广州市人口规模及分布情况》显示，2021年末，广州市常住人口1881.06万人，户籍人口1011.53万人，广州市非户籍人口占比约为46.23%。非户籍人口的增加是城市现代化进程中必然出现的现象，合乎相关政策规定的外来人口是城市市民不可或缺的组成部分，他们既是城市建设者又是纳税人，为城市发展作出了重要贡献，应当平等享有各项基本公共服务。保障非户籍常住适龄儿童"有学上"，既是推进城市和谐发展的需要，也是保障教育公平的重要举措。

2016—2021年，以常住人口数为基准估算，广州市幼儿园千人学位一直处于31～34座的较低水平。在此期间，尽管全市幼儿园在园幼儿规模持续增长，总增长率达36.89%，但2020年，随着常住人口数的大幅提升，幼儿园学位缺口达到历史新高。2021年，全市幼儿园在园幼儿数比2020年增加了10.21%，但按40座的标准测算，广州市幼儿园学位缺口仍在10万座以上。2021年，除南沙区、从化区、增城区三个区外，其他八个区幼儿园学位供给均存在缺口。为此，广州市政府及各区政府应该提高站位，从保障教育公平、促进城市和谐发展的高度出发，继续加大幼儿园学位供给，以常住人口为基准科学规划并尽快补齐幼儿园学位缺口。

[①]国务院关于印发国家基本公共服务体系"十二五"规划的通知（国发〔2012〕29号）［N］.新民晚报，2022-04-26［2022-06-29］. http://www.gov.cn/gongbao/content/2012/content_2192402.htm.

[②]学位不足如何解决？《东莞市基础教育设施专项规划编制指引》正式印发［N/OL］.新民晚报，2022-04-26［2022-06-29］. http://k.sina.com.cn/article_5787187353_158f1789902000w4vm.html.

（二）重视布局调整，提高幼儿园学位供给区域均衡水平

增加新的幼儿园学位供给量、解决学位供给问题不应是简单的区域平均增量，各区政府相关部门应把握好这一机遇，将基础教育资源再次合理规划，进行科学布局，以进一步适应基础教育公共服务的规律，保障适龄儿童能就近享有具有一定质量的学前教育资源。

本报告以40座的幼儿园千人学位指标和2021年广州市各区常住人口数为基准估算，发现广州市11个区的幼儿园学位缺口差异较大，部分中心城区和经济较发达区域幼儿园学位供给缺口明显高于外围区域和经济欠发达区域。广州市教育研究院2018年对28 468名幼儿家长的问卷调查也显示，中心城区和经济较发达区域幼儿家长"入园难"感受高于外围和经济欠发达区域，说明幼儿园学位供给量存在区域结构失衡。[1]这提醒广州市及各区政府在规划并扩充幼儿园学位供给总量的同时，必须重视幼儿园的布局调整。

幼儿园布局是幼儿园在某个地区地理空间上的分布结构，与社会经济发展水平和人口分布状况密切相关。幼儿园布局是否合理，直接关系到学前教育资源的利用效率和学前教育的均衡发展。世界银行全民教育资助项目高级执行专家塞尔加·塞尼克特别强调学校布局标准的重要性。他认为，没有标准不行，没有标准，学校可能建在不恰当的地点，或导致学校资源闲置。[2]学校布局及调整的标准通常有两个：一是学生上学的距离；二是学校覆盖的服务人群数量。[3]在规划幼儿园布局及调整时，除了要考虑幼儿园覆盖的服务人群数量外，还要保障大多数适龄儿童能就近接受学前教育。2018年的调查发现，幼儿家长将"距离"作为选择幼儿园时的首要考虑因素，对"就近入园"有着非常强烈的需求，而调查的28 468个幼儿家庭中，四成左右的幼儿未能实现"就近入园"。[4]为此，建议广州市政府及各区政府必须重视幼儿园的布局调整，提高学位供给的均衡水平；要探索建立教育资源动态调整和优化机制，以实施旧城改造、新区建设为契机，以建设新校区、改扩建老城区校园为主要途径，调整优化学前教育资源布局。

（三）继续增加学前教育财政投入，更好地满足民众的学前教育需求

2021年，广州市幼儿园在园幼儿数和幼儿园招生数在穗、京、沪、深四市中均位居第一；

---

①查吉德.教育供给侧结构性改革研究：基于广州市的研究［M］.广州：广东教育出版社，2019：51.

②石人炳.国外关于学校布局调整的研究及启示［J］.比较教育研究，2001（12）：35-39.

③Douglas Lehman.Bringing the school to the Children：Shortening the Path to EFA，August，2003.http：//documents.worldbank.org/curated/en/791691468743692215/pdf/268840PAPER0Ed1al0Access0Initiative.pdf.最后访问时间：2022年6月10日.

④查吉德.教育供给侧结构性改革研究：基于广州市的研究［M］.广州：广东教育出版社，2019：55.

广州市公办幼儿园在园幼儿规模（33.78万人）在四市中位居第二，仅低于上海（41.42万人）；2016—2021年，广州市公办幼儿园在园幼儿数总增长率（118.20%）在穗、京、沪、深四市中位居第二，仅次于深圳（986.30%）。

尽管广州市学前教育财政投入总量不断增加，但幼儿园尤其是公办幼儿园幼儿规模大且增速快，幼儿园生均教育经费在四市中排名靠后。2020年，广州市幼儿园生均一般公共预算教育经费分别仅为北京、上海、深圳的32.67%、44.95%、35.16%，生均一般公共预算教育事业费支出分别仅为北京、上海、深圳的32.53%、46.79%、45.90%，生均一般公共预算公用经费支出分别仅为北京、上海、深圳的36.69%、58.07%、47.56%。[①]广州市幼儿园生均一般公共预算教育经费、生均一般公共预算教育事业费支出、一般公共预算公用经费支出均处于较低水平。这提示广州市要继续增加学前教育财政投入。

建议中央政府和广东省政府合理调整税收收入分成，中央政府和广东省政府要向广州市让利，增加广州市共享税比重，提高广州市政府财力，进而增加广州市学前教育阶段财政投入，为广州市更加公平、更加优质的学前教育发展提供财力保障，更好地满足人民群众的学前教育需求。

[①]上述数据根据教育部《2020年全国教育经费执行情况统计表》《2020年广东省全省教育经费执行情况统计表》中的相关数据计算得出。

广州市义务教育阶段学生规模变化分析报告

张海水 *

　　对广州市全市及各区义务教育阶段学生规模现状及近五年的变化情况进行梳理，从与北京、上海、深圳等城市比较的视角出发，发现广州市义务教育阶段学生规模存在公办和民办比例偏低、各区间发展不均衡等问题。基于此，从义务教育学位综合资源保障、人口政策与学位优化布局联动、公办学位供给等方面提出政策建议。

一、2021年广州市义务教育阶段学生规模分析

（一）全市概况

1. 全市总体规模。

　　小学招生规模为21.20万人，初中招生规模为14.52万人，义务教育阶段合计招生规模为35.72万人。小学在校生规模为116.44万人，初中在校生规模为40.80万人，义务教育阶段合计在校生规模为157.24万人。（见表2-4-1）

2. 公办与民办学校情况。

　　小学公办招生规模为16.05万人，民办招生规模为5.15万人，公办与民办比值为3.12∶1；初中公办招生规模为10.54万人，民办招生规模为3.98万人，公办与民办比值为2.65∶1。义务教育阶段合计公办招生规模为26.58万人，民办招生规模为9.13万人，公办与民办比值为2.91∶1。（见表2-4-1）

　　小学公办在校生规模为85.86万人，民办在校生规模为30.58万人，公办与民办比值为2.81∶1；初中公办在校生规模为29.43万人，民办在校生规模为11.37万人，公办与民办比值为2.59∶1。义务教育阶段合计公办在校生规模为115.29万人，民办在校生规模为41.95万人，公办与民办比值为2.75∶1。（见表2-4-1）

---

　　*张海水，男，广州市教育研究院副研究员，教育规划与政策研究所副所长，主要研究方向为教育政策。

表2-4-1 2021年广州市义务教育阶段招生规模与在校生规模情况

类别	小学			初中			义务教育阶段		
公办、民办	公办/万人	民办/万人	公办与民办比值	公办/万人	民办/万人	公办与民办比值	公办/万人	民办/万人	公办与民办比值
招生规模	16.05	5.15	3.12	10.54	3.98	2.65	26.59	9.13	2.91
在校生规模	85.86	30.58	2.81	29.43	11.37	2.59	115.29	41.95	2.75

（二）各区招生规模与在校生规模比较分析

1. 各区总体规模。

2021年，小学招生规模最大的三个区分别是白云区（3.06万人）、番禺区（3.04万人）、花都区（2.54万人），最小的三个区分别是南沙区（1.13万人）、从化区（1.13万人）、越秀区（1.27万人），规模最大的区是最小的区的2.72倍；初中招生规模最大的三个区分别是番禺区（1.94万人）、花都区（1.77万人）、白云区（1.74万人），最小的三个区分别是南沙区（0.78万人）、从化区（0.85万人）、荔湾区（1.05万人），规模最大的区是最小的区的2.49倍。义务教育阶段合计招生规模最大的三个区分别是番禺区（4.99万人）、白云区（4.80万人）、花都区（4.30万人），最小的三个区分别是南沙区（1.91万人）、从化区（1.98万人）、荔湾区（2.36万人），规模最大的区是最小的区的2.62倍。（见表2-4-2）

表2-4-2 2021年各区义务教育阶段招生规模情况

单位：万人

区域	小学	初中	义务教育阶段合计
荔湾区	1.31	1.05	2.36
越秀区	1.27	1.31	2.58
海珠区	1.66	1.14	2.80
天河区	2.16	1.35	3.51
白云区	3.06	1.74	4.80
黄埔区	1.50	1.06	2.55
番禺区	3.04	1.94	4.99
花都区	2.54	1.77	4.30
南沙区	1.13	0.78	1.91
从化区	1.13	0.85	1.98
增城区	2.41	1.51	3.93

2021年，小学在校生规模最大的三个区分别是白云区（17.05万人）、番禺区（16.55万人）、花都区（14.59万人），最小的三个区分别是南沙区（5.87万人）、从化区（6.48万人）、荔湾区（6.93万人），规模最大的区是最小的区的2.90倍；初中在校生规模最大的三个区分别是番禺区（5.51万人）、白云区（5.06万人）、花都区（4.71万人），最小的三个区分别是南沙区（2.11万人）、从化区（2.33万人）、黄埔区（2.92万人），规模最大的区是最小的区的2.62倍。义务教育阶段合计在校生规模最大的三个区分别是白云区（22.11万人）、番禺区（22.06万人）、花都区（19.30万人），最小的三个区分别是南沙区（7.98万人）、从化区（8.81万人）、荔湾区（9.89万人），规模最大的区是最小的区的2.77倍。（见表2-4-3）

表2-4-3　2021年各区义务教育阶段在校生规模情况

单位：万人

区域	小学	初中	义务教育阶段合计
荔湾区	6.93	2.96	9.89
越秀区	7.22	3.81	11.03
海珠区	9.19	3.39	12.58
天河区	11.90	3.94	15.84
白云区	17.05	5.06	22.11
黄埔区	7.99	2.92	10.90
番禺区	16.55	5.51	22.06
花都区	14.59	4.71	19.30
南沙区	5.87	2.11	7.98
从化区	6.48	2.33	8.81
增城区	12.67	4.07	16.74

2. 公办与民办学校情况。

2021年，小学公办招生规模最大的三个区分别是番禺区（2.32万人）、花都区（1.84万人）、增城区（1.73万人），最小的三个区分别是南沙区（0.98万人）、荔湾区（1.01万人）、从化区（1.09万人）；民办招生规模最大的三个区分别是白云区（1.38万人）、番禺区（0.72万人）、花都区（0.70万人），最小的三个区分别是越秀区（0.02万人）、从化区（0.04万人）、黄埔区（0.13万人）；公办与民办比值最高的三个区分别是越秀区（53.61）、从化区（26.76）、黄埔区（10.17），最低的三个区分别是白云区（1.21）、天河区（2.51）、增城区（2.54）。（见表2-4-4）

表2-4-4 2021年各区小学（公办、民办）招生数情况

区域	公办招生规模/万人	民办招生规模/万人	公办与民办比值
荔湾区	1.01	0.30	3.40
越秀区	1.24	0.02	53.61
海珠区	1.25	0.40	3.09
天河区	1.54	0.61	2.51
白云区	1.67	1.38	1.21
黄埔区	1.36	0.13	10.17
番禺区	2.32	0.72	3.21
花都区	1.84	0.70	2.63
南沙区	0.98	0.15	6.75
从化区	1.09	0.04	26.76
增城区	1.73	0.68	2.54

2021年，初中公办招生规模最大的三个区分别是番禺区（1.40万人）、越秀区（1.19万人）、花都区（1.17万人），最小的三个区分别是南沙区（0.71万人）、荔湾区（0.72万人）、从化区（0.79万人）；民办招生规模最大的三个区分别是白云区（0.81万人）、花都区（0.60万人）、番禺区（0.55万人），最小的三个区分别是从化区（0.06万人）、南沙区（0.07万人）、越秀区（0.12万人）；公办与民办比值最高的三个区分别是从化区（12.97）、越秀区（9.91）、南沙区（9.86），最低的三个区分别是白云区（1.15）、花都区（1.96）、天河区（2.03）。（见表2-4-5）

表2-4-5 2021年各区初中（公办、民办）招生规模情况

区域	公办招生规模/万人	民办招生规模/万人	公办与民办比值
荔湾区	0.72	0.33	2.16
越秀区	1.19	0.12	9.91
海珠区	0.86	0.28	3.08
天河区	0.91	0.45	2.03
白云区	0.93	0.81	1.15
黄埔区	0.81	0.25	3.30
番禺区	1.40	0.55	2.56
花都区	1.17	0.60	1.96
南沙区	0.71	0.07	9.86
从化区	0.79	0.06	12.97
增城区	1.05	0.46	2.26

2021年，小学公办在校生规模最大的三个区分别是番禺区（12.21万人）、白云区（9.62万人）、花都区（9.67万人），最小的三个区分别是南沙区（5.02万人）、荔湾区（5.08万人）、从化区（6.22万人）；民办在校生规模最大的三个区分别是白云区（7.44万人）、花都区（4.92万人）、番禺区（4.33万人），最小的三个区分别是越秀区（0.17万人）、从化区（0.25万人）、南沙区（0.86万人），公办与民办比值最高的三个区分别是越秀区（41.75）、从化区（24.43）、黄埔区（6.06），最低的三个区分别是白云区（1.29）、花都区（1.96）、天河区（2.34）。（见表2-4-6）

表2-4-6　2021年各区小学（公办、民办）在校生规模情况

区域	公办在校生规模/万人	民办在校生规模/万人	公办与民办比值
荔湾区	5.08	1.85	2.75
越秀区	7.05	0.17	41.75
海珠区	6.84	2.35	2.91
天河区	8.34	3.56	2.34
白云区	9.62	7.44	1.29
黄埔区	6.85	1.13	6.06
番禺区	12.21	4.33	2.82
花都区	9.67	4.92	1.96
南沙区	5.02	0.86	5.86
从化区	6.22	0.25	24.43
增城区	8.95	3.71	2.41

2021年，初中公办在校生规模最大的三个区分别是番禺区（3.96万人）、越秀区（3.45万人）、花都区（3.14万人），最小的三个区分别是南沙区（1.92万人）、荔湾区（1.92万人）、从化区（2.13万人）；民办在校生规模最大的三个区分别是白云区（2.38万人）、花都区（1.57万人）、番禺区（1.56万人），最小的三个区分别是南沙区（0.18万人）、从化区（0.20万人）、越秀区（0.35万人）；公办与民办比值最高的三个区分别是从化区（10.76）、南沙区（10.46）、越秀区（9.75），最低的三个区分别是白云区（1.12）、荔湾区（1.85）、花都区（2.00）。（见表2-4-7）

表2-4-7　2021年各区初中（公办、民办）在校生规模情况

区域	公办在校生规模/万人	民办在校生规模/万人	公办、民办比值
荔湾区	1.92	1.04	1.85
越秀区	3.45	0.35	9.75
海珠区	2.53	0.86	2.95
天河区	2.64	1.30	2.02
白云区	2.78	2.38	1.12
黄埔区	2.16	0.76	2.83
番禺区	3.96	1.56	2.54
花都区	3.14	1.57	2.00
南沙区	1.92	0.18	10.46
从化区	2.13	0.20	10.76
增城区	2.90	1.17	2.49

（三）与京、沪、深比较分析

1. 总体规模比较。

2021年，与北京、上海、深圳相比，广州市小学、初中及整个义务教育阶段的招生规模均为最高；广州市小学及整个义务教育阶段在校生规模均为最高，初中在校生规模低于上海，排名第二。（见表2-4-8和表2-4-9）

表2-4-8　2021年京、沪、穗、深义务教育阶段招生规模情况

单位：万人

城市	小学	初中	义务教育阶段合计
北京	18.64	12.04	30.69
上海	18.77	14.19	32.96
广州	21.20	14.52	35.71
深圳	20.45	14.38	34.84

表2-4-9　2021年京、沪、穗、深义务教育阶段在校生规模情况

单位：万人

城市	小学	初中	义务教育阶段合计
北京	103.66	34.96	138.62
上海	89.28	49.76	139.03
广州	116.44	40.80	157.24
深圳	113.30	39.36	152.67

2. 公办与民办学校比较。

2021年，与北京、上海、深圳相比，广州市小学公办招生规模仅高于深圳，民办招生规模仅低于深圳，远高于北京和上海，公办与民办比值仅高于深圳，远低于北京和上海；广州市初中公办招生规模仅高于深圳，民办招生规模仅低于深圳，远高于北京和上海，公办与民办比值仅高于深圳，远低于北京和上海。（见表2-4-10）

在校生规模方面，与北京、上海、深圳相比，广州市小学公办在校生规模仅低于北京，远高于上海和深圳，民办在校生规模仅低于深圳，远高于北京和上海，公办与民办比值仅高于深圳，远高于北京和上海；广州市初中公办在校生规模仅高于深圳，远低于上海和北京，民办在校生规模在四市中最高，公办与民办比值在四市中最低。（见表2-4-11）

表2-4-10　2021年京、沪、穗、深义务教育阶段（公办、民办）招生规模情况

城市	小学			初中		
	公办/万人	民办/万人	公办与民办比值	公办/万人	民办/万人	公办与民办比值
北京	17.96	0.69	26.11	11.19	0.85	13.11
上海	16.59	2.18	7.60	11.49	1.99	5.79
广州	16.05	5.15	3.12	10.54	3.98	2.65
深圳	14.11	6.34	2.23	10.40	4.00	2.60

（注：上海市2021年公办、民办数据用2020年数据替代）

表2-4-11　2021年京、沪、穗、深义务教育阶段（公办、民办）在校生规模情况

城市	小学			初中		
	公办/万人	民办/万人	公办与民办比值	公办/万人	民办/万人	公办与民办比值
北京	99.36	4.30	23.12	32.42	2.54	12.77
上海	75.54	10.56	7.15	39.30	7.50	5.24
广州	85.86	30.58	2.81	29.43	11.37	2.59
深圳	73.79	39.52	1.87	28.79	10.57	2.72

（注：上海市2021年公办、民办数据用2020年数据替代）

二、2016—2021年学生规模变化情况分析

（一）全市学生规模变化情况分析

1. 总体态势与变化幅度。

招生规模方面，小学在2020年有小幅减少，其他年份均呈小幅增加；初中在五年间均呈小

幅增加。招生规模与2016年相比，2021年小学增幅17.54%，初中增幅24.82%，整个义务教育阶段增幅20.39%；小学在2017—2018年间增长数最多（15 422人），初中在2018—2019年间增长数最多（9457人），整个义务教育阶段在2020—2021年间增长数最多（19 805人）。（见图2-4-1）

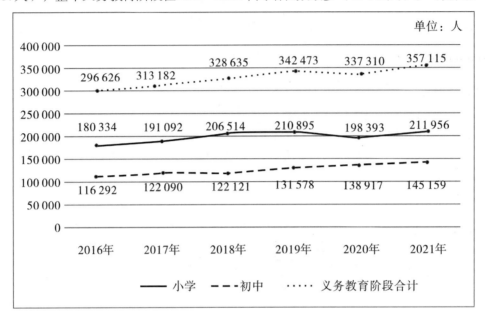

图2-4-1　2016—2021年全市义务教育阶段招生规模变化情况

在校生规模方面，2016—2021年间小学与初中均呈小幅增加态势。在校生规模与2016年相比，2021年小学增幅20.22%，初中增幅23.84%，整个义务教育阶段增幅21.14%；小学在2017—2018年间增长数最多（53 760人），初中在2020—2021年间增长数最多（24 203人），整个义务教育阶段在2017—2018年间增长数最多（65 599人）。（见图2-4-2）

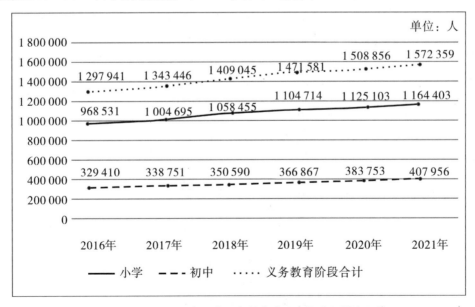

图2-4-2　2016—2021年全市义务教育阶段在校生规模变化情况

2. 公办与民办学校比较。

招生规模方面，初中公办与民办比值在2018年小幅降低，小学五年间及初中在其他年间均呈小幅上升。其中，小学公办与民办比值由2016年的2.02上升到2021年的3.12，初中公办与民办比值由2016年的2.03上升到2021年的2.65，整个义务教育阶段公办与民办比值由2016年的2.02上升到2021年的2.91。（见图2-4-3）

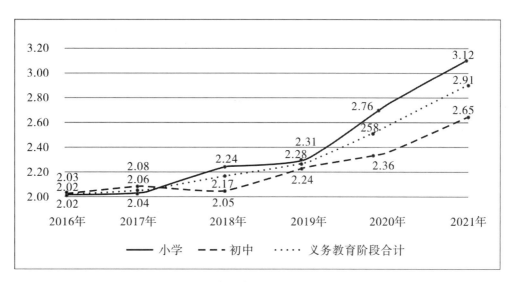

图2-4-3　2016—2021年全市义务教育阶段（公办、民办）招生规模变化情况

在校生规模方面，小学与初中在五年间均呈小幅上升态势。其中，小学公办与民办比值由2016年的2.01上升到2021年的2.81，初中公办与民办比值由2016年的2.05上升到2021年的2.59，整个义务教育阶段公办与民办比值由2016年的2.02上升到2021年的2.75。（见图2-4-4）

图2-4-4　2016—2021年全市义务教育阶段（公办、民办）在校生规模变化情况

（二）与京、沪、深比较分析

以在校生规模公办与民办比值为例，将广州与北京、上海、深圳这3个城市进行比较分析。

1. 小学阶段分析。

京、沪、穗、深四个城市在五年间，除北京在2019年下降之外，其余总体均呈上升态势。其中，北京公办与民办比值由2016年的12.38上升到2021年的26.11，增加13.73；上海由2016年的6.20上升到2021年的7.60，增加1.40；广州由2016年的2.02上升到2021年的3.12，增加1.10；深圳由2016年的1.29上升到2021年的2.23，增加0.94。广州五年间的增幅仅高于深圳，远落后于北京与上海。（见图2-4-5）

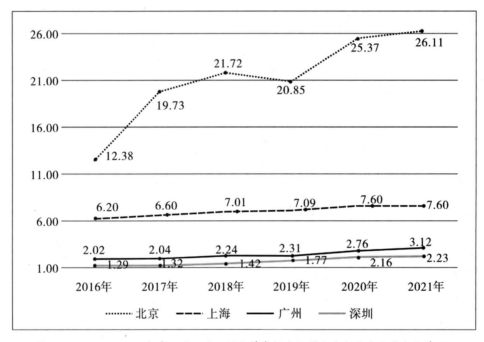

图2-4-5　2016—2021年京、沪、穗、深小学在校生规模公办与民办比值变化情况

2. 初中阶段分析。

京、沪、穗、深四个城市在五年间，北京呈持续递增态势，上海呈波动性下降，广州在2018年小幅下降（其余年份均递增），深圳在2017年小幅下降（其余年份均递增）。其中，北京公办与民办比值由2016年的10.84上升到2021年的13.11，增加2.27；上海由2016年的6.16下降至2021年的5.79，减少0.37；广州由2016年的2.03上升到2021年的2.65，增加0.62；深圳由2016年的1.86上升到2021年的2.61，增加0.75。广州五年间的增幅仅高于上海，落后于北京与深圳。（见图2-4-6）

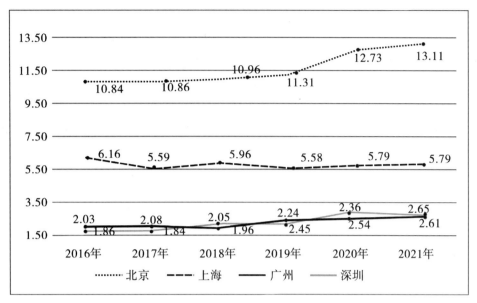

图2-4-6 2016—2021年京、沪、穗、深初中在校生规模公办与民办比值变化情况

3. 义务教育阶段分析。

京、沪、穗、深四个城市在五年间，北京在2019年小幅下降（其余年份均递增），上海在2017年与2019年小幅下降（其余年份均递增），广州与深圳逐年小幅上升。其中，北京公办与民办比值由2016年的11.56上升到2021年的18.91，增加7.35；上海由2016年的6.18上升到2021年的6.74，增加0.56；广州由2016年的2.02上升到2021年的2.91，增加0.89；深圳由2016年的1.47上升到2021年的2.37，增加0.90。广州五年间的增幅仅高于上海，落后于北京与深圳。（见图2-4-7）

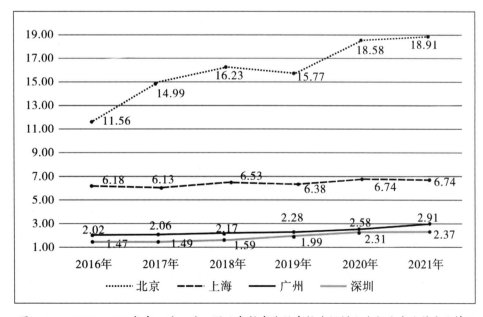

图2-4-7 2016—2021年京、沪、穗、深义务教育阶段在校生规模公办与民办比值变化情况

三、总结与政策建议

（一）总结

1. 学生规模方面。一是近年来广州市学生规模依然处于高位增长阶段。特别是2020—2021年间，整个义务教育阶段招生规模增长数处于近五年最高值（接近2万人），初中在校生规模增长数也处于近五年最高值（2.4万人）。二是与京、沪、深相比，广州市小学、初中及整个义务教育阶段的招生规模、在校生规模几乎均为最高（注：初中在校生规模低于上海）。三是白云区、番禺区、花都区是广州市义务教育阶段学生规模较大的三个区，南沙区、从化区、荔湾区是广州市义务教育阶段学生规模较小的三个区。

2. 公办、民办比值方面。一是近年来广州市义务教育阶段各学段公办与民办比值处于快速提升阶段。特别是2020—2021年间，小学、初中及整个义务教育阶段的公办与民办比值增加值均达到最高。二是与京、沪、深相比，广州小学相对深圳有略微优势、初中有被反超趋势；广州与北京、上海仍有较悬殊差距。三是越秀区、从化区、黄埔区、南沙区是广州市义务教育阶段公办与民办比值较高的四个区，白云区、花都区、天河区是广州市义务教育阶段公办与民办比值较低的三个区。

（二）政策建议

1. 加大全市义务教育综合资源保障力度。广州市是京、沪、穗、深四个一线城市中义务教育规模最大的城市，特别是当前义务教育规模增长仍处于高位，全市人口仍处于较高的净增长态势。为此，在公共财政、土地空间、师资队伍建设等方面应做好系统规划与布局，确保学位供给适应人口增长的需要。

2. 加强人口政策与义务教育阶段学位优化布局工作联动。第一个层面，要重点关注全市层面人口流入情况，针对人口流入较多的区，要提前研判并优化学位布局。第二个层面，针对各区之间人口引导政策及其落实情况，及时完善配套的学位供给政策。

3. 因区施策，加大公办学位的建设力度。义务教育是基本公共教育服务的关键组成部分，其中公办学位提供比例是关系到人民群众教育获得感的重要指标之一。在"十四五"期间，应加大对白云区、花都区、天河区等区域的支持力度，强化公办学位的供给力度。

广州市普通高中学生规模变化分析报告

郭海清*

　　本报告基于2016—2021年广州市普通高中在校学生规模与招生规模数据，分析广州市普通高中学生规模变化情况，各区普通高中学生规模差异情况，广州市普通高中学生规模在京、沪、深、穗四市中的位置；并结合广州市发展战略及普通高中相关政策，分析变化的原因，提出相关政策建议。

一、2021年广州市普通高中学生规模概况

　　2021年，广州市有普通高中学校124所，其中民办高中学校有20所，全市共有示范性普通高中学校74所。2021年，全市有普通高中在校学生161 633人，其中民办高中在校学生12 726人；招生54 844人，其中民办高中学校招生4623人，示范性普通高中在校学生数占普通高中在校学生数的85%。（见表2-5-1）

表2-5-1　2021年广州市普通高中教育发展的总体情况

年份	学校数/所		在校学生数/人		招生人数/人	
	总数	民办学校	总数	民办学校	总数	民办学校
2021年	124	20	161 633	12 726	54 844	4623

二、广州市各区普通高中学生规模比较分析

（一）普通高中教育招生规模区域差距大

　　2021年，越秀区普通高中教育招生规模最大，为0.87万人；其次是番禺区，为0.80万人；南沙区普通高中教育招生规模最小，为0.27万人。越秀区普通高中教育招生人数是南沙区的3.23

---

*郭海清，男，广州市教育研究院副研究员，主要研究方向为教育史、教育政策等。

倍。其中越秀区公办普通高中教育招生规模最大，为0.87万人；南沙区公办普通高中教育招生规模最小，为0.27万人。2021年，白云区民办普通高中教育招生规模最大，为0.10万人，荔湾区、越秀区、黄埔区、南沙区没有民办普通高中学校。（见表2-5-2）

表2-5-2　2021年广州市各区普通高中招生人数

区域	招生人数/人		
	公办学校	民办学校	合计
荔湾区	4859	0	4859
越秀区	8689	0	8689
海珠区	3318	997	4315
天河区	4029	860	4889
白云区	4210	1028	5238
黄埔区	2905	0	2905
番禺区	7646	379	8025
花都区	3843	259	4102
南沙区	2678	0	2678
从化区	3009	624	3633
增城区	5035	476	5511

（二）普通高中教育在校学生规模区域差距大

2021年，越秀区普通高中教育在校学生规模最大，为2.59万人；其次是番禺区，为2.43万人；南沙区普通高中教育在校学生规模最小，为0.73万人。越秀区公办普通高中教育在校学生规模最大，为2.59万人；其次是番禺区，为2.32万人；南沙区公办普通高中教育在校学生规模最小，为0.73万人。越秀区普通高中教育在校学生规模是南沙区的3.53倍。海珠区民办普通高中在校学生规模最大，为0.30万人；其次是白云区、天河区，分别为0.29万人、0.24万人。2021年，荔湾区、越秀区、黄埔区、南沙区没有民办普通高中学校。（见表2-5-3）

表2-5-3　2021年广州市各区普通高中在校学生数

区域	在校学生数/人		
	公办学校	民办学校	合计
荔湾区	14 415	0	14 415
越秀区	25 861	0	25 861
海珠区	9724	3049	12 773

(续表)

区域	在校学生数/人		
	公办学校	民办学校	合计
天河区	12 014	2427	14 441
白云区	12 228	2858	15 138
黄埔区	8257	0	8257
番禺区	23 177	1129	24 306
花都区	11 754	610	12 364
南沙区	7326	0	7326
从化区	9153	1734	10 887
增城区	14 946	919	15 865

（三）普通高中教育学位区域比较

从普通高中学校学位供给的绝对规模来看，在校学生数占比最高的两个区分别为越秀区（16.00%）和番禺区（15.04%），说明这两个区普通高中学生最多。在校学生数占比最低的两个区分别是南沙区（4.53%）和黄埔区（5.11%），说明这两个区普通高中的绝对规模最小。普通高中在校学生数最多的区（越秀区）是最少的区（南沙区）的三倍多。（见表2-5-4）。

根据《广东省推动义务教育优质均衡发展行动方案》中规定的初中学校千人学位数不低于40座的标准，按照普通高中与中职学生5∶5的比例，以20座的标准对广州市普通高中学位供给情况进行了分析。[1]2021年，广州市常住人口为1881.06万人，以此来计算，广州市普通高中学位缺口为214 579座。从普通千人学位指标的视角分析，广州市11个区普通高中千人学位指标的现状差异较大，普通高中千人学位指标最低的白云区仅为4.10座/千人，最高的越秀区为24.65座/千人。按20座/千人的标准，结合各区的常住人口进行测算，可以发现广州市11个区普通高中学位缺口差异较大。按普通高中学位缺口数，将11个区分为五个等级：第一等级是普通高中学位缺口最大的三个区，分别为白云区、番禺区、天河区，学位缺口都在3万人以上；第二等级为普通高中学位缺口在20 000～29 999人的区，分别为海珠区、花都区；第三等级是普通高中学位缺口在10 000～19 999人的区，分别为黄埔、增城区、南沙；第四等级是普通高中学位缺口在10 000人以下的区，分别为从化区、荔湾区；第五等级是普通高中学位不存在缺口且有富余的区——越秀区，其普通高中学位盈余4881人。由上可见，广州市11个区普通高中学位供给量存

---

[1]刘霞，《广州市基础教育学位供给分析报告》（内部资料）。

在区域差距大的特点。（见表2-5-4）

表2-5-4　2021年广州普通高中教育办学规模区域比较

区域	常住人口数及占比		在校学生数及占比		千人学位指标现状/（座·千人）	应提供学位数/人	学位缺口/人
	人数/万人	占比/%	人数/人	占比/%			
荔湾区	112.96	6.01	14 415	8.92	12.76	22 592	−8177
越秀区	104.90	5.58	25 861	16.00	24.65	20 980	4881
海珠区	182.18	9.68	12 773	7.90	7.01	36 436	−23 663
天河区	223.86	11.90	14 441	8.93	7.93	44 772	−30 331
白云区	368.91	19.61	15 138	9.37	4.10	73 782	−58 644
黄埔区	119.79	6.37	8257	5.11	6.89	23 958	−15 701
番禺区	281.83	14.98	24 306	15.04	8.62	56 336	−46 152
花都区	170.93	9.09	12 364	7.65	7.23	34 186	−21 882
南沙区	90.04	4.79	7326	4.53	8.14	18 008	−10 882
从化区	72.74	3.87	10 887	6.73	14.97	14 548	−3661
增城区	152.92	8.12	15 865	9.82	10.37	30 584	−14 719

三、广州市普通高中学生规模年度比较分析

（一）招生规模比较

2016—2021年，广州市普通高中招生数呈下降趋势。2016年普通高中招生数最多，为5.83万人；2018年普通高中招生数最少，为5.24万人，比2016年少了0.59万人。此后普通高中招生数开始增加。至2021年，普通高中招生数为5.48万人，比2018年多了0.26万人，比2016年少了0.35万人。（见表2-5-5）

2016—2021年，广州市公办普通高中招生数呈下降趋势，2016年公办普通高中招生数最多，为5.46万人；2018年公办普通高中招生数最少，为4.83万人，比2016年少了0.63万人。至2021年，公办普通高中招生数为5.02万人，比2018年多了0.19万人，比2016年少了0.44万人。（见表2-5-5）

2016—2021年，广州市民办普通高中招生数逐年增加，2016年民办普通高中招生数最少，为0.37万人。至2021年，民办普通高中招生数为0.46万人，比2016年多了918人。（见表2-5-5）

表2-5-5　2016—2021年广州市普通高中招生数

学校	2016年/人	2017年/人	2018年/人	2019年/人	2020年/人	2021年/人	总增幅/%	年均增长率/%
公办	54 555	50 653	48 310	49 098	50 160	50 221	−7.94	−1.59
民办	3705	3753	4091	4029	4200	4623	24.78	4.96
合计	58 260	54 406	52 401	53 107	54 360	54 844	−5.86	−1.17

（二）在校学生规模

2016—2021年，广州市普通高中在校学生数呈下降趋势。2016年普通高中在校学生数最多，为17.63万人；2019年普通高中在校学生数最少，为15.94万人，比2016年少了1.69万人。此后普通高中在校学生数开始增加。至2021年，普通高中在校学生数为16.16万人，比2019年多了0.22万人，比2016年少了1.46万人。（见表2-5-6）

2016—2021年，广州市公办普通高中在校学生数呈下降趋势。2016年公办普通高中在校学生数最多，为16.53万人；2020年公办普通高中在校学生数最少，为14.74万人，比2016年少了1.79万人。2021年公办普通高中在校学生数为14.89万人，比2020年多了0.15万人，比2016年少了1.64万人。（见表2-5-6）

2016—2021年，广州市民办普通高中在校学生数逐年增加。2017年民办普通高中在校学生数最少，为1.10万人。至2021年，民办普通高中在校学生数为1.27万人，比2016年多了0.17万人。（见表2-5-6）

表2-5-6　2016—2021年广州市普通高中在校学生数

学校	2016年/人	2017年/人	2018年/人	2019年/人	2020年/人	2021年/人	总增幅/%	年均增长率/%
公办	165 276	159 717	152 330	147 681	147 360	148 907	−9.90	−1.98
民办	10 999	10 959	11 508	11 674	12 090	12 726	15.70	3.14
合计	176 275	170 676	163 838	159 355	159 450	161 633	−8.31	−1.66

四、京、沪、深、穗普通高中学生规模比较分析

（一）京、沪、深、穗普通高中招生规模比较

2021年，广州市普通高中招生规模在京、沪、深、穗四市中排名最后，招生数为5.48万人。2016—2021年，北京市、上海市、深圳市普通高中招生规模呈持续增长的态势，而广州市普通

高中招生数呈下降的态势，降幅为5.86%。（见表2-5-7）

表2-5-7 京、沪、深、穗普通高中招生数

城市		北京市	上海市	深圳市	广州市
招生数/人	2016年	53 544	53 066	42 615	58 260
	2017年	53 755	53 276	43 575	54 406
	2018年	47 355	52 330	46 037	52 401
	2019年	51 403	54 236	48 406	53 107
	2020年	61 071	59 721	56 027	54 360
	2021年	62 263	60 462	64 932	54 844
总增幅/%		16.28	13.94	52.37	-5.86
年均增长率/%		3.26	2.79	10.47	-1.17

2021年，广州市公办普通高中招生规模在京、沪、深、穗四市中位居第三，招生数为5.02万人。2016—2021年，北京市、上海市、深圳市普通高中招生规模呈持续增长的态势。而广州市公办普通高中招生数呈下降的态势，降幅为7.94%。（见表2-5-8）

2021年，广州市民办普通高中招生规模在京、沪、深、穗四市中位居第三，招生数为0.46万人。2016—2021年，除上海市外，北京市、深圳市、广州市民办普通高中招生规模呈持续增长的态势。（见表2-5-8）

表2-5-8 京、沪、深、穗普通高中（公办与民办）招生数

城市		北京市		上海市		深圳市		广州市	
		公办	民办	公办	民办	公办	民办	公办	民办
招生数/人	2016年	51 371	2173	47 709	5357	31 783	10 832	54 555	3705
	2017年	51 027	2728	47 839	5437	32 557	11 018	50 653	3753
	2018年	45 473	1882	48 070	4260	33 868	12 169	48 310	4091
	2019年	49 539	1864	49 600	4636	34 337	14 869	49 098	4029
	2020年	58 282	2789	54 431	5290	40 417	15 610	50 160	4200
	2021年	59 228	3035	55 180	5282	46 325	18 607	50 221	4623
总增幅/%		15.29	39.67	15.66	-1.40	45.75	71.78	-7.94	24.78
年均增长率/%		2.55	6.61	2.61	-0.23	7.63	11.96	-1.32	4.13

（二）京、泸、深、穗普通高中在校学生数规模比较

2021年，广州市普通高中在校学生数规模在京、沪、深、穗四市中排名最后，在校学生数

为16.16万人。2016—2021年，北京市、上海市、深圳市普通高中在校学生数规模呈持续增长的态势，而广州市普通高中在校学生数规模呈下降的态势，降幅为8.31%。（见表2-5-9）

表2-5-9 京、沪、深、穗普通高中在校学生数

城市		北京市	上海市	深圳市	广州市
在校学生数／人	2016年	163 130	157 806	124 216	176 275
	2017年	163 977	158 924	127 099	170 676
	2018年	155 478	158 181	131 102	163 838
	2019年	152 857	159 445	137 539	159 355
	2020年	160 152	166 407	150 289	159 450
	2021年	176 095	174 454	169 533	161 633
总增幅／%		7.95	10.55	36.48	−8.31
年均增长率／%		1.59	2.11	7.30	−1.66

2021年，广州市公办普通高中在校学生规模在京、沪、深、穗四市中位居第三，在校学生数为14.89万人，仅高于深圳。2016—2021年，北京市、上海市、深圳市公办普通高中在校学生规模呈持续增长的态势，而广州市公办普通高中在校学生规模呈下降的态势，降幅为9.90%。（见表2-5-10）

2021年，广州市民办普通高中在校学生规模在京、沪、深、穗四市中位居第三，在校学生数为1.27万人，仅高于北京。2016—2021年，除北京市外，上海市、深圳市、广州市民办普通高中在校学生规模呈持续增长的态势。（见表2-5-10）

表2-5-10 京、沪、深、穗普通高中（公办与民办）在校学生数

城市		北京市		上海市		深圳市		广州市	
		公办	民办	公办	民办	公办	民办	公办	民办
在校学生数／人	2016年	155 008	8122	142 809	14 997	93 083	31 133	165 276	10 999
	2017年	156 187	7790	142 983	15 941	95 298	31 801	159 717	10 959
	2018年	148 801	6677	142 734	14 457	98 000	33 102	152 330	11 508
	2019年	150 993	1864	146 234	13 211	100 768	36 771	147 681	11 674
	2020年	153 597	6555	152 712	13 695	109 014	41 275	147 360	12 090
	2021年	168 455	7640	159 425	15 029	122 345	47 188	148 907	12 726
总增幅／%		8.68	−5.93	11.64	0.21	31.44	51.57	−9.90	15.70
年均增长率／%		1.74	−1.19	2.33	0.04	6.29	10.31	−1.98	3.14

五、政策建议

（一）做好顶层设计，新建普通高中学校，增加学位供给

建议广州市政府与各区政府做好规划，新建一批普通高中学校，增加普通高中教育学位，且新建学校布点主要考虑市、区共同分担建设或市、区共建，选择在土地资源相对宽裕、区财政经费相对充足的区布局新建高质量、高起点的普通高中学校，以增加全市普通高中优质学位的供给。

（二）提高普通高中学位供给区域均衡水平

如表2-5-4所示，除越秀区外，其他区普通高中学位供给不同程度存在缺口，部分中心城区和经济较发达区域普通高中学位供给缺口明显高于外围区域和经济欠发达区域。为此，建议广州市政府及各区政府必须重视普通高中教育学校的布局调整，提高普通高中学位供给的均衡水平；高标准、高起点规划建设一批优质普通高中学校；探索建立教育资源动态调整和优化机制，以实施旧城改造、新区建设为契机，以建设新校区、扩建老城区校园、推进集团化办学为主要途径，调整优化普通高中教育资源布局。

广州市中小学随迁子女学生规模变化分析报告

张 丹*

按照教育事业统计指标中对随迁子女和进城务工人员随迁子女的定义①，进城务工人员随迁子女是随迁子女中的重要部分，妥善处理好中小学随迁子女，尤其是义务教育阶段进城务工人员随迁子女的相关教育问题是实现教育公平、促进义务教育优质均衡发展的重要体现，对办好人民满意的教育具有重要意义。本研究拟从全市中小学随迁子女学生规模，对招生数和在校生数的变化进行分析，总结随迁子女学生规模的主要特征，为进一步做好解决来穗人员随迁子女教育问题提出政策建议。

一、广州市中小学随迁子女学生规模概况

（一）中小学随迁子女学生规模概况

1. 招生规模。

2021年，全市义务教育阶段随迁子女招生数为11.03万人，占义务教育阶段招生总数的30.90%。其中，小学6.56万人，占小学招生总数的30.95%；初中4.47万人，占初中招生总数的30.82%。普通高中随迁子女招生数为1.26万人，占普通高中招生总数的22.92%。

2. 在校生规模。

2021年，全市义务教育阶段随迁子女在校生数为52.77万人，占义务教育阶段在校生总数的33.56%。其中，小学40.24万人，占小学在校生总数的34.45%；初中12.53万人，占初中在校生总数的30.71%。普通高中随迁子女在校生数3.70万人，占普通高中在校生总数的22.91%。

---

*张丹，女，广州市教育研究院助理研究员，主要研究方向为基础教育政策。

① 随迁子女是指户籍登记在外省（区、市）、本省外县（区），随父母到输入地（同住）并在校接受教育的适龄儿童少年。进城务工人员随迁子女是指户籍登记在外省（区、市）、本省外县（区）的乡村，随务工父母到输入地的城区、镇区（同住）并接受义务教育的适龄儿童少年。

3. 入读公办学校情况。

2021年，全市义务教育阶段随迁子女入读公办学校招生数为4.86万人，其中，小学2.67万人，初中2.19万人。普通高中随迁子女入读公办学校招生数为9619人。小学随迁子女入读公办学校招生数占小学随迁子女招生数的比例为40.64%，占小学招生总数的比例为12.58%。初中随迁子女入读公办学校招生数占初中随迁子女招生数的比例为49.06%，占初中招生总数的比例为15.12%。高中随迁子女入读公办学校招生数占高中随迁子女招生数的比例为76.51%，占高中招生总数的比例为17.54%。（见图2-6-1）

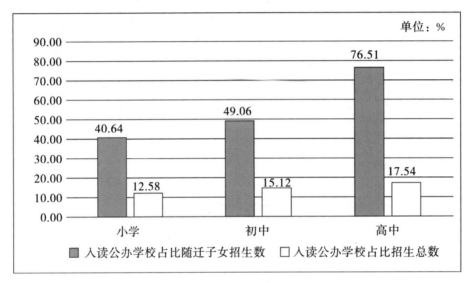

图2-6-1 2021年广州市中小学随迁子女入读公办学校招生数占比情况

2021年，全市义务教育阶段随迁子女入读公办学校在校生数为22.84万人，其中，小学16.75万人，初中6.09万人。普通高中随迁子女入读公办学校在校生数为2.88万人。小学随迁子女入读公办学校在校生数占小学随迁子女在校生数的比例为41.61%，占小学在校生总数的比例为14.38%。初中随迁子女入读公办学校在校生数占初中随迁子女在校生数的比例为48.62%，占初中在校生总数的比例为14.93%。高中随迁子女入读公办学校在校生数占高中随迁子女在校生数的比例为77.71%，占高中在校生总数的比例为17.81%。（见图2-6-2）

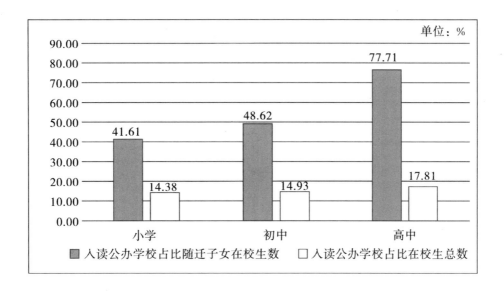

图2-6-2 2021年广州市中小学随迁子女入读公办学校在校生数占比情况

与2020年相比，2021年全市随迁子女在义务教育阶段的招生数和在校生数均有所减少，普通高中的招生数和在校生数均有所增长。全市中小学随迁子女入读公办学校的招生数比2020年有所增长，但在校生数比2020年有所减少，普通高中随迁子女入读公办学校的在校生数有所增长。

（二）义务教育阶段进城务工人员随迁子女学生规模概况

1. 招生规模。

2021年，全市义务教育阶段进城务工人员随迁子女招生数为6.75万人，占义务教育阶段招生总数的18.90%。其中，小学4.04万人，占小学招生总数的19.06%；初中2.71万人，占初中招生总数的18.67%。

2. 在校生规模。

2021年，全市义务教育阶段进城务工人员随迁子女在校生数为31.59万人，占义务教育阶段在校生总数的20.09%。其中，小学24.09万人，占小学在校生总数的20.69%；初中7.50万人，占初中在校生总数的18.38%。

3. 入读公办学校情况。

2021年，全市义务教育阶段进城务工人员随迁子女入读公办学校招生数为3.00万人，其中，小学1.57万人，初中1.43万人。小学进城务工人员随迁子女入读公办学校招生数占小学进城务工人员随迁子女招生数的比例为38.90%，占小学招生总数的比例为7.42%。初中进城务工人员随迁子女入读公办学校招生数占初中进城务工人员随迁子女招生数的比例为52.81%，占初中招生总数的比例为9.86%。（见图2-6-3）

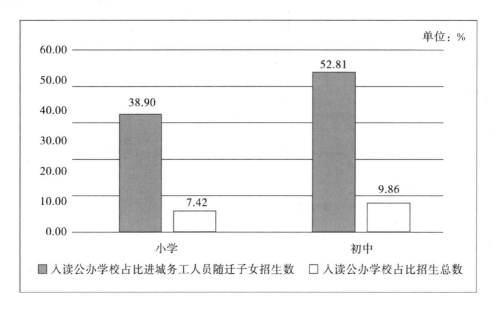

图2-6-3　2021年广州市义务教育阶段进城务工人员随迁子女入读公办学校招生数占比情况

2021年，全市义务教育阶段进城务工人员随迁子女入读公办学校在校生数为13.72万人，其中，小学9.74万人，初中3.98万人。小学进城务工人员随迁子女入读公办学校在校生数占小学进城务工人员随迁子女在校生数的比例为40.43%，占小学在校生总数的比例为8.37%。初中进城务工人员随迁子女入读公办学校在校生数占初中进城务工人员随迁子女在校生数的比例为53.08%，占初中在校生总数的比例为9.76%。（见图2-6-4）

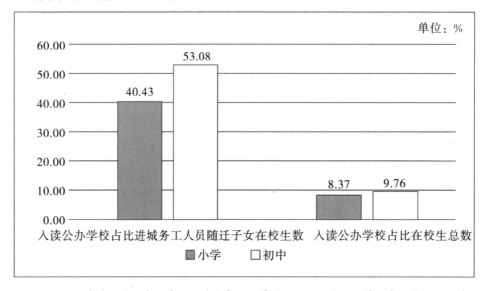

图2-6-4　2021年广州市义务教育阶段进城务工人员随迁子女入读公办学校在校生数占比情况

与2020年相比，2021年全市义务教育阶段进城务工人员随迁子女的招生规模有所增长，小学在校生规模有所减少，初中在校生规模与2020年持平。其中，入读公办义务教育学校的招生规模和在校生规模均有所增加，且招生规模增加幅度较大。

二、广州市中小学随迁子女学生规模区域比较分析

（一）中小学随迁子女学生规模区域比较

1. 招生规模。

2021年，全市11个区中小学随迁子女招生规模中，小学最多的是白云区（13 270人），最少的是越秀区（928人）；初中最多的是花都区（8075人），最少的是从化区（1794人）；高中最多的是番禺区（1789人），最少的是黄埔区（511人）。（见图2-6-5）

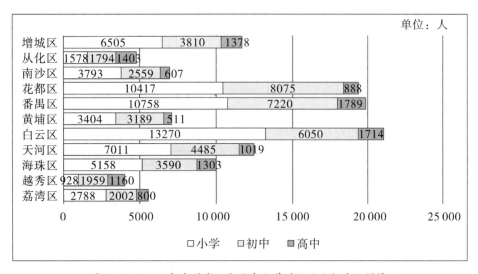

图2-6-5 2021年广州市11个区中小学随迁子女招生规模情况

2. 在校生规模。

2021年，全市11个区中小学随迁子女在校生规模中，小学最多的是白云区（78 798人），最少的是越秀区（8609人）；初中最多的是花都区（20 545人），最少的是从化区（5145人）；高中最多的是番禺区（6058人），最少的是黄埔区（1430人）。（见图2-6-6）

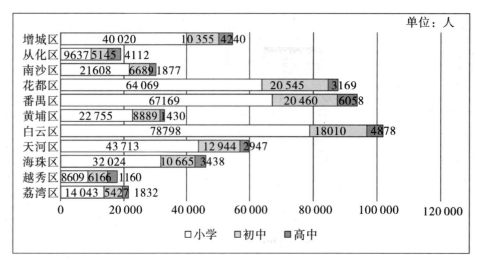

图2-6-6　2021年广州市11个区中小学随迁子女在校生数规模情况

3. 入读公办学校情况。

2021年，全市11个区中小学随迁子女入读公办学校招生数所占随迁子女招生总数的比例中，小学占比最高的是从化区（79.91%），占比最低的是白云区（16.35%）；初中占比最高的是南沙区（85.58%），占比最低的是天河区（22.16%）；高中占比最高的分别是荔湾区、越秀区、南沙区和黄埔区，均为100%，占比最低的是海珠区（39.29%）。（见图2-6-7）

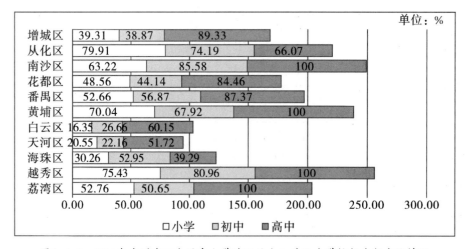

图2-6-7　2021年广州市11个区中小学随迁子女入读公办学校招生数占比情况

2021年，全市11个区中小学随迁子女入读公办学校在校生数所占随迁子女在校生总数的比例中，小学占比最高的是越秀区（80.62%），占比最低的是白云区（23.47%）；初中占比最高的是南沙区（86.78%），占比最低的是天河区（24.35%）；高中占比最高的分别是荔湾区、越秀

区、南沙区和黄埔区，均为100%，占比最低的是海珠区（39.11%）。（见图2-6-8）

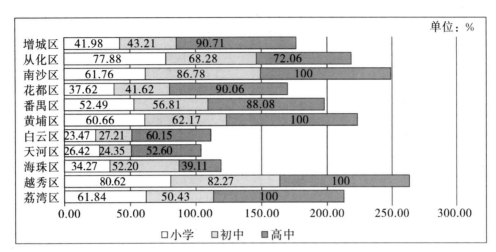

图2-6-8　2021年广州市11个区中小学随迁子女入读公办学校在校生数占比情况

由此可见，2021年全市11个区中，随迁子女招生规模和在校生规模在小学阶段人数最多的是白云区，最少的是越秀区；在初中阶段人数最多的是花都区，最少的是从化区；在高中阶段人数最多的是番禺区，最少的是黄埔区。其中，随迁子女在初中阶段入读公办学校招生数和在校生数占比最高的是南沙区，最低的是天河区。同时，随迁子女在小学阶段入读公办学校招生数和在校生数占比最低的是白云区，招生数占比最高的是从化区，在校生数占比最高的是越秀区。随迁子女在高中阶段入读公办学校的招生数和在校生数占比最高的分别是荔湾区、越秀区、南沙区和黄埔区，均为100%；占比最低的是海珠区。

（二）义务教育阶段进城务工人员随迁子女学生规模区域比较

1. 学生规模。

2021年，全市11个区义务教育阶段进城务工人员随迁子女招生规模中最多的是花都区（13 686人），最少的是越秀区（1353人）。全市11个区义务教育阶段进城务工人员随迁子女在校生规模中最多的是白云区（62 668人），最少的是从化区（5617人）。（见图2-6-9）

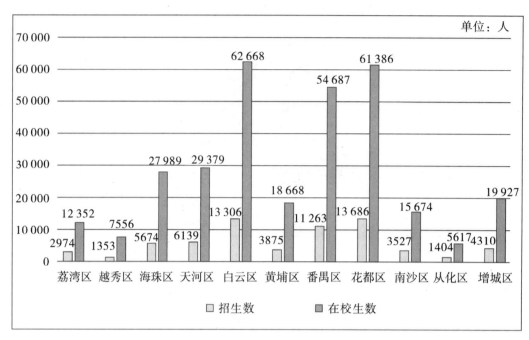

图2-6-9　2021年广州市11个区义务教育阶段进城务工人员随迁子女学生规模情况

2. 入读公办学校情况。

2021年，全市11个区义务教育阶段进城务工人员随迁子女入读公办学校招生数所占义务教育阶段进城务工人员随迁子女招生总数的比例中，最高的是从化区（86.25%），最低的是白云区（17.50%）。全市11个区义务教育阶段进城务工人员随迁子女入读公办学校在校生数所占义务教育阶段进城务工人员随迁子女在校生总数的比例中，最高的是越秀区（88.16%），最低的是白云区（21.59%）。（见图2-6-10）

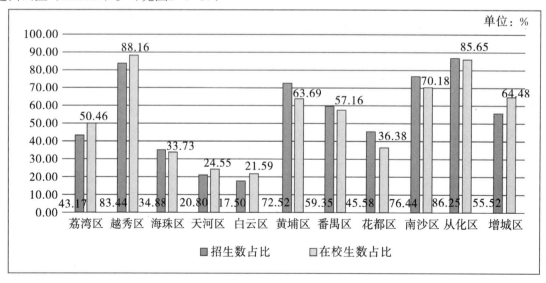

图2-6-10　2021年广州市11个区义务教育阶段进城务工人员随迁子女入读公办学校占比情况

由此可见，2021年全市11个区中，义务教育阶段进城务工人员随迁子女的招生数最多的是花都区，最少的是越秀区；在校生数最多的是白云区，最少的是从化区。其中，义务教育阶段进城务工人员随迁子女入读公办学校招生数占比最高的是从化区，最低的是白云区；入读公办学校在校生数占比最高的是越秀区，最低的是白云区。

三、广州市中小学随迁子女学生规模年度变化比较分析

（一）中小学随迁子女学生规模年度变化情况

1. 招生规模。

2016—2021年间，全市小学随迁子女招生数总体呈下降趋势，2017年是波峰值（85 921人），2021年是波谷值（65 610人）；初中随迁子女招生数总体呈下降趋势，2018年是波峰值（51 028人），2021年是波谷值（44 733人）；高中随迁子女招生数逐年增加，2021年是波峰值（12 572人）。2021年全市小学随迁子女招生数6.56万人，比2020年减少了3617人，比2016年减少了1.54万人，下降了18.99%，年均增长率为-3.80%；2021年全市初中随迁子女招生数4.47万人，比2020年减少了1300人，比2016年减少了3023人，下降了6.33%，年均增长率为-1.27%；2021年全市普通高中随迁子女招生数1.26万人，比2020年增加了885人，比2016年增加了3859人，增长了44.29%，年均增长率为8.86%。（见图2-6-11）

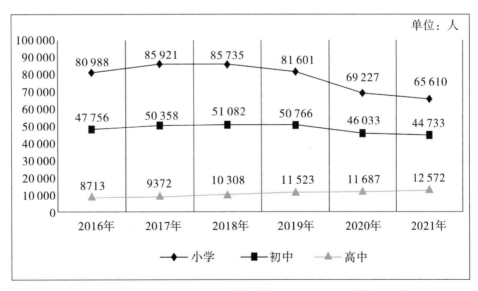

图2-6-11　2016—2021年广州市中小学随迁子女招生数年度变化情况

2. 在校生规模。

2016—2021年间，全市小学随迁子女在校生数总体呈下降趋势，2017年是波峰值（488 846人），2021年是波谷值（402 445人）；初中随迁子女在校生数总体呈下降趋势，2018年是波峰值（143 346人），2021年是波谷值（125 295人）；高中随迁子女在校生数逐年增加，2021年是波峰值（37 035人）。2021年全市小学随迁子女在校生数40.24万人，比2020年减少了50 101人，比2016年减少了8.43万人，下降了17.32%，年均增长率为-3.46%；2021年全市初中随迁子女在校生数12.53万人，比2020年减少了1.18万人，比2016年减少了1.22万人，下降了8.90%，年均增长率为-1.78%；2021年全市普通高中随迁子女在校生数3.70万人，比2020年增加了1668人，比2016年增加了1.19万人，增长了47.39%，年均增长率为9.48%。（见图2-6-12）

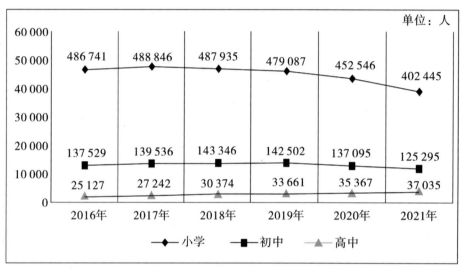

图2-6-12　2016—2021年广州市中小学随迁子女在校生数年度变化情况

3. 入读公办学校情况。

2016—2021年间，全市小学随迁子女入读公办学校招生数总体呈下降趋势，2016年是波峰值（32 474人），2020年是波谷值（26 353人）；初中随迁子女入读公办学校招生数变化起伏，2019年是波峰值（23 588人），2016年是波谷值（20 074人）；高中随迁子女入读公办学校招生数逐年增加，2021年是波峰值（9619人）。2021年全市小学随迁子女入读公办学校招生数2.67万人，比2020年增加了314人，比2016年减少了5807人，下降了17.88%，年均增长率为-3.58%；2021年全市初中随迁子女入读公办学校招生数2.19万人，比2020年增加了1540人，比2016年增加了1872人，增长了9.33%，年均增长率为1.87%；2021年全市普通高中随迁子女入读公办学校招生数9619人，比2020年增加了348人，比2016年增加了3004人，增长了45.41%，年均增长率为9.08%。（见图2-6-13）

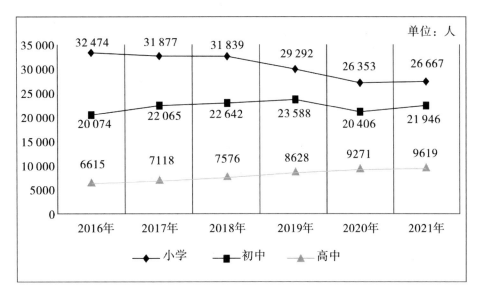

图2-6-13　2016—2021年广州市中小学随迁子女入读公办学校招生数年度变化情况

　　2016—2021年间，全市小学随迁子女入读公办学校在校生数逐年减少，2016年是波峰值（205 746人），2021年是波谷值（167 460人）；初中随迁子女入读公办学校在校生数略有起伏，2019年是波峰值（66 565人），2016年是波谷值（58 463人）；高中随迁子女入读公办学校在校生数逐年增加，2021年是波峰值（28 780人）。2021年全市小学随迁子女入读公办学校在校生数16.75万人，比2020年减少了2.02万人，比2016年减少了3.83万人，下降了18.61%，年均增长率为-3.72%；2021年全市初中随迁子女入读公办学校在校生数6.09万人，比2020年减少了3969人，比2016年增加了2460人，增长了4.21%，年均增长率为1.53%；2021年全市普通高中随迁子女入读公办学校在校生数2.88万人，比2020年增加了1171人，比2016年增加了9601人，增长了50.06%，年均增长率为10.01%。（见图2-6-14）

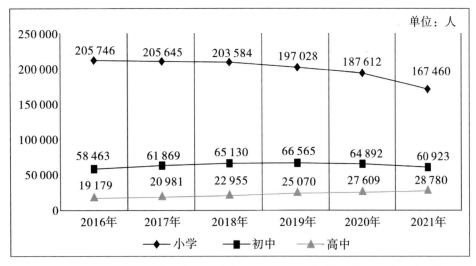

图2-6-14　2016—2021年广州市中小学随迁子女入读公办学校在校生数年度变化情况

由此可见，2016—2021年间，全市随迁子女在义务教育阶段招生规模和在校生规模总体均呈下降趋势，其中小学的下降幅度较大。随迁子女在普通高中的招生规模和在校生规模均逐年增加，呈不断增长趋势。其中，随迁子女入读公办小学的招生数和在校生数均呈下降趋势；入读公办初中和高中的招生数和在校生数均有所增加，呈稳步增长趋势，入读公办高中的增长幅度较大。

（二）义务教育阶段进城务工人员随迁子女学生规模年度变化情况

1. 招生规模。

2016—2021年间，全市小学进城务工人员随迁子女招生数在2016年是波峰值（49 992人），到2020年呈逐年减少趋势，达到波谷值（35 613人），2021年有所增长；初中进城务工人员随迁子女招生数也呈逐年下降趋势，2017年是波峰值（30 972人），2020年是波谷值（25 136人）。2021年全市小学进城务工人员随迁子女招生数4.04万人，比2020年增加了4795人，增长明显，比2016年减少了9584人，下降了19.17%，年均增长率为−3.83%；2021年全市初中进城务工人员随迁子女招生数2.71万人，比2020年增加了1967人，比2016年减少了3042人，下降了10.09%，年均增长率为−2.02%。（见图2-6-15）

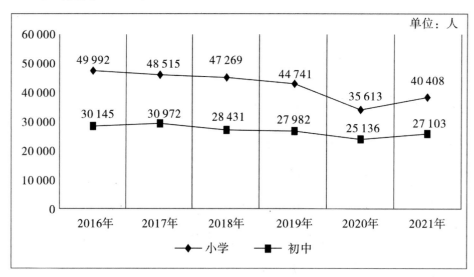

图2-6-15　2016—2021年广州市义务教育阶段进城务工人员随迁子女招生数年度变化情况

2. 在校生规模。

2016—2021年间，全市小学进城务工人员随迁子女在校生数呈下降趋势，2016年是波峰值（300 427人），2021年是波谷值（240 906人）；初中进城务工人员随迁子女在校生数也呈下降趋势，2016年是波峰值（87 414人），2021年和2020年人数持平，均是波谷值（74 997人）。

2021年全市小学进城务工人员随迁子女在校生数24.09万人，比2020年减少了1219人，比2016年减少了5.95万人，下降了19.81%，年均增长率为-3.96%；2021年全市初中进城务工人员随迁子女在校生数7.50万人，与2020年持平，比2016年减少了1.24万人，下降了14.20%，年均增长率为-2.84%。（见图2-6-16）

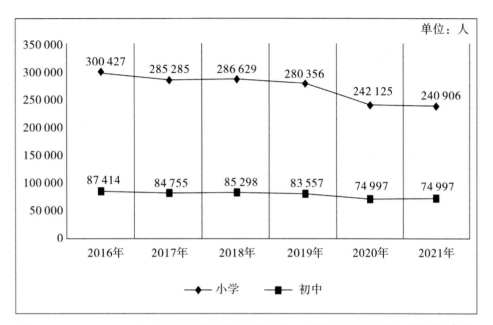

图2-6-16　2016—2021年广州市义务教育阶段进城务工人员随迁子女在校生数年度变化情况

3. 入读公办学校情况。

2016—2021年间，全市小学进城务工人员随迁子女入读公办学校招生数呈下降趋势，从2016年波峰值（18 027人）到2020年达到波谷值（12 676人），2021年有所增长；初中进城务工人员随迁子女入读公办学校招生数变化起伏，从2016年（12 511人）到2019年（13 900人）呈增长趋势，2020年是波谷值（12 182人），2021年是波峰值（14 313人）。2021年全市小学进城务工人员随迁子女入读公办学校招生数1.57万人，比2020年增加了3042人，增长明显，比2016年减少了2309人，下降了12.81%，年均增长率为-2.56%；2021年全市初中进城务工人员随迁子女入读公办学校招生数1.43万人，比2020年增加了2131人，比2016年增加了1802人，增长了14.40%，年均增长率为2.88%。（见图2-6-17）

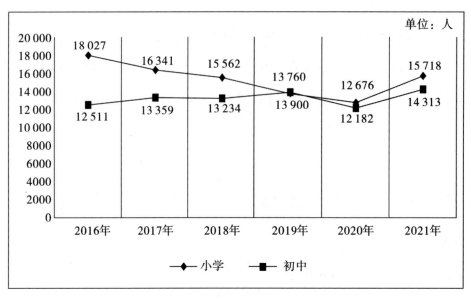

图2-6-17　2016—2021年广州市义务教育阶段进城务工人员随迁子女
入读公办学校招生数年度变化情况

2016—2021年间，全市小学进城务工人员随迁子女入读公办学校在校生数呈下降趋势，2020年是波谷值（95 322人），2016年是波峰值（116 440人）；初中进城务工人员随迁子女入读公办学校在校生数呈平稳发展趋势，变化幅度不大，2019年是波峰值（40 463人），2016年是波谷值（37 268人）。2021年全市小学进城务工人员随迁子女入读公办学校在校生数9.74万人，比2020年增加了2087人，比2016年减少了1.90万人，下降了16.34%，年均增长率为-3.27%。2021年全市初中进城务工人员随迁子女入读公办学校在校生数3.98万人，比2020年增加了574人，比2016年增加了2539人，增长了6.81%，年均增长率为1.36%。（见图2-6-18）

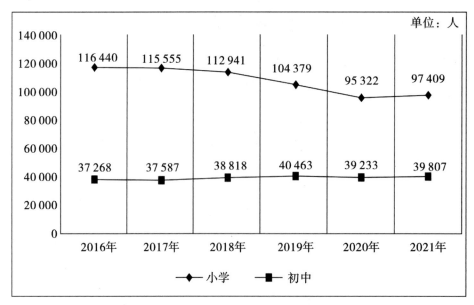

图2-6-18　2016—2021年广州市义务教育阶段进城务工人员随迁子女
入读公办学校在校生数年度变化情况

由此可见，2016—2021年间，全市义务教育阶段进城务工人员随迁子女的招生规模和在校生规模均呈下降趋势，其中小学的下降幅度较大。进城务工人员随迁子女入读公办小学的招生数和在校生数呈下降趋势；入读公办初中的招生数和在校生数呈增长趋势，且招生数增长幅度较大。

四、广、深义务教育阶段进城务工人员随迁子女就读人数比较分析

由于中小学随迁子女学生规模的数据获得存在一定局限性，与其他城市的比较只找到深圳市的义务教育阶段进城务工人员随迁子女就读人数，故就此与广州市的相关数据进行比较分析。2016—2021年，深圳市义务教育阶段进城务工人员随迁子女就读人数总量大于广州市的同期水平，且广州市处于下降趋势，而深圳市处于稳步增长趋势。（见图2-6-19）

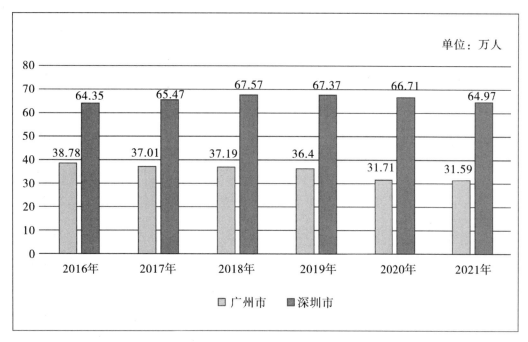

图2-6-19　广州市与深圳市义务教育阶段进城务工人员随迁子女对比情况

五、政策建议

（一）继续落实好来穗人员随迁子女入学政策和升学考试政策，保障随迁子女享受教育权利和升学机会，全力维护教育公平和社会和谐稳定

自2016年9月以来，广州市政府通过了《关于进一步做好来穗人员随迁子女接受义务教育工作的实施意见》，对随迁子女接受义务教育工作明确了"两个为主"（即以输入地政府管理为主、以全日制公办中小学为主），建议要继续完善来穗随迁子女入学政策，努力实现全市各区"以公办学校为主"安排随迁子女入学，进一步加大进城务工人员随迁子女入学的工作力度，切实做到符合条件的随迁子女能够应入尽入。按照国家、省、市、区的要求明确随迁子女保障统筹学位和积分入学的条件，不断推进基本公共服务均等化水平。严格执行随迁子女升学考试政策，扎实推进随迁子女升学考试工作，进一步放宽随迁子女在广州报考公办普通高中条件，进一步降低随迁子女在广州参加中考的门槛，保障随迁子女公平享受教育权利和升学机会。

（二）不断扩大公办学位供给，着力构建优质均衡的基本公共教育服务体系

从市级层面来看，要不断强化政府责任，保证中小学学位尤其是义务教育阶段学位供给充足。建议通过新建公办学位，不断加大公办学校的建设力度和政府购买学位力度；通过积极推进"公参民"治理，规范民办义务教育发展。通过这些方式不断增加公办中小学学位数量，逐步提升随迁子女入读公办学校的比例，有效解决随迁子女入读公办学校问题，切实解决公办学位供给问题。

（三）加大全市中小学建设投入和教育财政投入，健全随迁子女教育经费保障机制，积极为随迁子女创造更加优质的教育条件

全市各级财政结合各区中小学教育的实际情况，加大中小学建设投入，为随迁子女就读做好物质保障。要健全教育经费保障，把符合规定条件的随迁子女接受义务教育、高中教育纳入公共财政资助范围，加大义务教育、高中教育财政投入，切实提高标准化学校办学条件，充分挖掘办学潜力，增大教育资源承载能力。同时，全市各有关部门要明确责任分工，密切协作配合，加强各部门的组织领导，形成共建共治共享的良好治理格局，推动教育高质量发展。

下 编

学生规模与学位需求预测

为全景式呈现广州市、区、镇、学校不同层次教育管理主体学生规模的变化趋势，本编内容紧扣教育实践，以原因解释、需求预测、应对策略为分析视角，对广州市不同行政区、镇、学校的学生规模变化进行分析，形成系列分析报告供政府决策参考。

广州市中考学生规模变化分析报告

刘欣颜[*]

根据《广州市第七次全国人口普查公报〔1〕（第五号）——人口受教育情况》，广州市常住人口中，15岁及以上人口的平均受教育年限是11.61年[①]。即在接受九年义务教育外，15岁及以上人口额外平均受教育时间为2.61年。为进一步了解15岁及以上人口义务教育后的分流走向，本文选取了2017—2022年[②]广州市学生中考志愿填报及录取等数据，对填报志愿考生、参加中考考生人数、中考录取等反映广州市中考学生规模变化情况的指标进行分析。

一、填报志愿的考生分析

（一）填报志愿人数

2017—2021年，广州市填报中考志愿的考生人数基本保持稳定，2022年有了较大幅度的提升，填报人数比2021年多了近2万人。（见图3-1-1）查阅《2019年广州市教育数据统计手册》可知，2019年初中三年级有115 597人（2020年参加中考），初中二年级在校生有119 752人（2021年参加中考），初中一年级在校生有131 518人（2022年参加中考）。因此，2022年中考考生增多的原因主要与当年初三年级在读学生人数较多有关。

同时，也可发现每年的在读人数和中考报名人数是有所出入的，这是由于很多学生不具备公办普通高中报名条件，或是属于不满足"两个有"[③]的非户籍生，或是由于相当部分非广州户

---

*刘欣颜，女，教育学博士，广州市教育研究院基础教育教学研究所生物学科教研员、义务教育教学研究室副主任，主要研究方向为生物学教学、教育评价。

①广州市统计局广州市第七次全国人口普查领导小组办公室. 广州市第七次全国人口普查公报〔1〕（第五号）：人口受教育情况〔R/OL〕.（2021-05-18）〔2023-03-01〕http://tjj.gz.gov.cn/stats_newtjyw/tjsj/tjgb/glpcgb/content/post_8540185.html.

②选取2017—2022年数据原因是：在广州市招生考试委员办公室官网上有中考信息的数据最早追溯至2017年。本文中所有中考学生数据均来源于广州市招生考试委员办公室官网。

③具有广州市三年初中完整学籍，父母一方或其他监护人持有在本市办理且在有效期内的《广东省居住证》的非广州市户籍应届初中毕业生。

籍学生回原籍升学、部分中职学校可注册入学以及部分学生选择出国留学等原因。

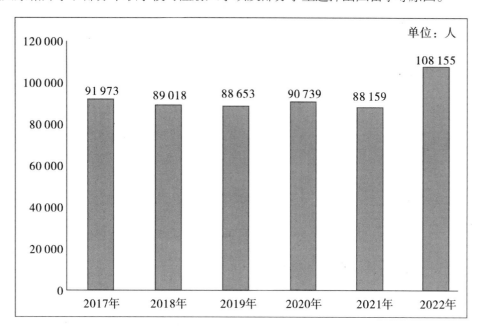

图3-1-1　广州市2017—2022年中考填报志愿考生人数

（二）志愿分布情况

中考考生的填报志愿主要分为四大类，即普通高中志愿、自主招生志愿、普通高中"名额分配"志愿和中职学校志愿。

1. 普通高中志愿考生分布。

普通高中包含民办普通高中和公办普通高中。根据《2022年广州市高中阶段学校招生录取报考指南》，普通高中志愿填报时，需要注意民办普通高中学校、省市属普通高中学校面向全市招生；区属普通高中学校面向本区招生，但每所区属示范性普通高中学校可将不超过15%的招生计划面向外区招生，具体比例由各区根据实际情况确定；越秀区、海珠区、荔湾区三个区视作同一招生区域。

普通高中长期以来一直是中考志愿的主流。2017—2022年，填报普通高中志愿的考生占比均达到了90%以上，其中2019年、2020年、2021年这三年更是达到了96%以上，相比而言，2022年填报普通高中志愿的考生占比有所回落。由此可知，普通高中是学生中考报考的主要意向。（见图3-1-2和表3-1-1）

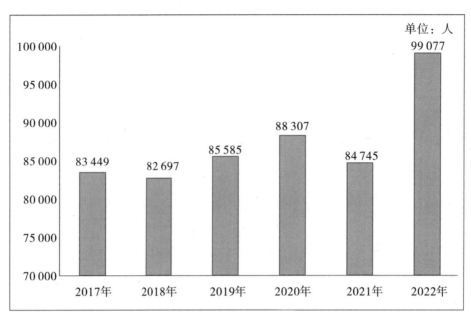

图3-1-2 广州市2017—2022年中考填报普通高中志愿考生人数

表3-1-1 广州市2017—2022年中考填报普通高中志愿考生人数占当年填报志愿考生总人数的比例

年份	2017年	2018年	2019年	2020年	2021年	2022年
占比	90.73%	92.90%	96.54%	97.32%	96.13%	91.61%

2. 自主招生志愿考生分布。

自主招生是指经批准的普通高中学校可自主招收具有学科特长或创新潜质的优秀初中应届毕业生。2019年，广州市高中阶段招生录取政策有所调整，新增了示范性普通高中自主招生。根据《广州市教育局印发〈关于2019年至2020年广州市高中阶段学校考试招生的工作意见〉的通知》（穗教规字〔2018〕5号），选取省、市属示范性普通高中（含国家级示范性普通高中和市示范性普通高中）和每区1所示范性普通高中（由区教育局选定）试行自主招生工作。

填报自主招生的考生呈逐渐上升趋势。自2019年起，填报自主招生志愿考生占比均在5%左右，在稳定中呈逐渐上升趋势。其中，2022年占比最高，达到5.90%。（见图3-1-3和表3-1-2）根据《2022年广州市高中阶段学校招生录取报考指南》规定，非示范性普通高中自主招生比例不超过学校招生计划的5%，示范性普通高中自主招生比例不超过学校招生计划的10%，其中成立教育集团的示范性普通高中可在规定的自主招生比例内安排一定比例的计划用于自主招收集团内初中学校学生。由此可知，自主招生工作严格按照文件要求执行，且报考自主招生的考生数量能在规定范围内进行一定程度的提升。

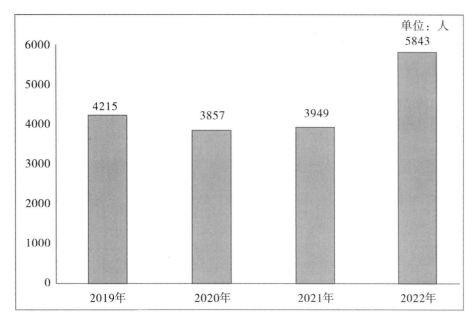

图3-1-3　广州市2019—2022年中考填报自主招生志愿考生人数

表3-1-2　广州市2019—2022年中考填报自主招生志愿考生人数占当年填报志愿考生总人数的比例

年份	2019年	2020年	2021年	2022年
占比	4.92%	4.37%	4.66%	5.90%

3. 普通高中"名额分配"志愿考生分布

"名额分配"指2020年及以前的"指标到校"，即广州市国家级示范性普通高中学校将部分招生计划直接分配到初中学校。自2021年起，按照广东省的政策规范表述为"名额分配"。该招生政策是广州市依据上级教育行政部门政策精神，探索普通高中多种招生录取方式的新举措，目的是满足不同层次学生的入学需求，推动基础教育优质均衡发展，促进教育公平。[①]

随着时间的变化，"名额分配"比例和学校类型也在发生变化。2018年"指标到校"的分配比例是国家级示范性普通高中招生计划的30%。2019年、2020年公办示范性普通高中"指标到校"的分配比例提高到50%，参与分配的示范性普通高中范围从原国家级示范性普通高中扩大到国家级和市级示范性普通高中，并增加了面向教育集团的直接指标分配。2021年、2022年规定公办的示范性普通高中学校和省一级普通高中学校应将不低于50%的招生计划合理分配到初中学校。省、市属公办示范性普通高中学校和省一级普通高中学校"名额分配"计划分配范围为

①广州市招生考试委员办公室. 2020年广州市高中阶段学校招生报考指南［EB/OL］.（2020-07-01）［2023-03-01］http://gzzk.gz.gov.cn/zwgk/zwdt/content/post_6438112.html.

全市范围内初中学校（不含特殊教育学校，下同）；区属公办示范性普通高中学校和省一级普通高中学校"名额分配"计划分配范围为本辖区内的初中学校；成立教育集团的示范性普通高中的"名额分配"招生计划应适当向集团内农村初中和薄弱初中倾斜。且自2021年起，明确规定"名额分配"招生时，应将综合素质评价作为重要参考。

考生填报普通高中"名额分配"志愿较为积极，2017—2022年，填报普通高中"名额分配"志愿的比例均超过招生计划规定比例。2017年、2018年占比均超过40%，超过文件规定的30%；2019—2022年均超过50%。（见图3-1-4和表3-1-3）这说明，"名额分配"志愿得到了考生的高度关注，为考生报考和升学提供了另一条途径。由此可以看出，这一政策实现了设定的初衷，给不同层次的考生提供了额外的途径，为促进教育优质均衡发展、教育公平提供了更多的机会。

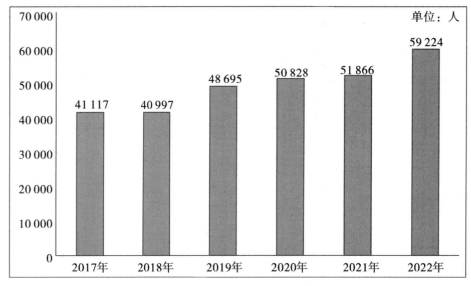

图3-1-4　广州市2017—2022年中考填报普通高中"名额分配"志愿考生人数

表3-1-3　广州市2017—2022年中考填报普通高中"名额分配"志愿考生人数占当年
填报志愿考生总人数的比例

年份	2017年	2018年	2019年	2020年	2021年	2022年
占比	44.71%	46.05%	54.93%	56.02%	58.83%	54.76%

4. 中职学校志愿考生分布。

中职学校侧重动手能力、技能教育，培养的是从事技术、技能、操作或其他社会性工作人才。广州市中职学校包括普通中专、职业高中、高等学校附属的中职部、技工院校（含技工学校、高级技工学校、技师学院）等院校。

需要说明的是2021年、2022年，广州市招生考试委员办公室中职学校志愿统计口径不再以"中职志愿"统一公布数据，而是以中职三二分段①及省级以上重点特色专业志愿和中职学校其他专业志愿分别统计。为方便统计和保持与历年统一，此处将中职三二分段及省级以上重点特色专业志愿和中职学校其他专业志愿考生合并为中职志愿考生进行数据分析。

中职学校志愿经历了一段低迷期后呈逐渐上升趋势。2017—2019年，中职学校志愿报考人数呈下滑趋势；自2020年起，呈逐渐上升趋势。其中2022年，报考中职学校的考生占比达56.26%，属历史新高。（见图3-1-5和表3-1-4）

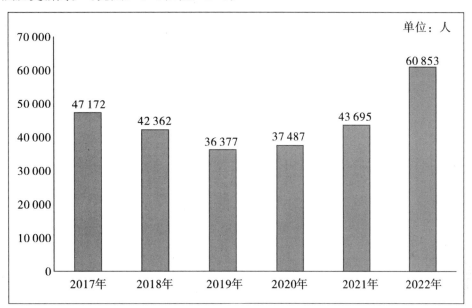

图3-1-5　广州市2017—2022年中考填报中职学校志愿考生人数

表3-1-4　广州市2017—2022年中考填报中职学校志愿考生人数占当年填报志愿考生总人数的比例

年份	2017年	2018年	2019年	2020年	2021年	2022年
占比	51.29%	47.59%	41.03%	41.31%	49.56%	56.26%

（三）填报志愿考生户籍分布

2017—2022年，填报志愿考生广州市户籍生占比较高，均超过60%，且超过非户籍考生的两倍多，并在2022年达到最高，约为2.65倍。（见图3-1-6）

---

①中职三二分段，即中高职贯通培养，是指高职院校和对应中职学校，联合行业企业，共同制定的五年一体化人才培养方案。录取的初中毕业生以"三二分段试点班"的名义单独编班，先在中职学校就读3年，通过转段考核且符合相关条件和要求的，进入对口高职院校对应专业学习2年。五年一贯制转段时，学生应符合有关高校录取所在年度广东省普通高考报名条件。

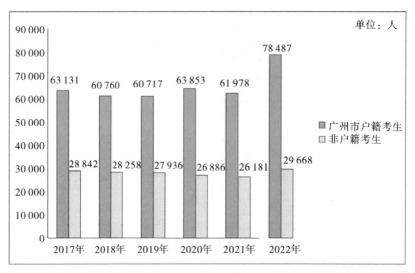

图3-1-6 广州市2017—2022年中考填报志愿考生户籍分布

（四）通过随迁子女资格审核考生分布

随迁子女是跟随父亲或母亲在一地生活、就学的非居住地户籍务工人员及其他非户籍就业人员子女。具有广州市初中学籍的非广州市户籍毕业生，可报考广州市民办普通高中、中等职业学校。满足"两个有"的非户籍生，可报考广州市公办、民办普通高中和中等职业学校。

非户籍生中通过随迁子女资格审核的考生越来越多，在填报志愿的考生中占比也逐渐增加。2017—2022年，填报志愿的考生中通过随迁子女资格审核的考生比例逐渐升高，其中2019—2021年均超过27%，2022年稍有回落。非户籍生中通过随迁子女资格审核的考生比例越来越高，2017年和2018年较低，自2020年起均超过90%，该比例的升高与随迁子女政策的逐步优化有较大关系。（见图3-1-7和表3-1-5）

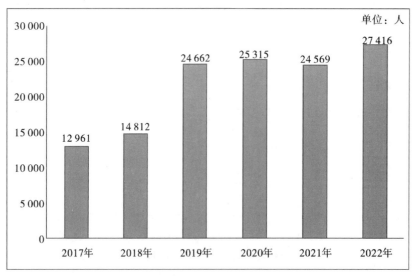

图3-1-7 广州市2017—2022年中考填报志愿考生中通过随迁子女资格审核人数

表3-1-5 广州市2017—2022年中考填报志愿考生中通过随迁子女资格审核的考生分布比例

年份	2017年	2018年	2019年	2020年	2021年	2022年
占非户籍生比例	44.94%	52.42%	88.28%	94.16%	93.84%	92.41%
占填报志愿考生比例	14.09%	16.64%	27.82%	27.90%	27.87%	25.35%

二、参加中考考生人数分析

2017—2021年，广州市参加中考考生人数基本保持稳定，2022年有了较大幅度的提升，2022年参加中考考生人数比2021年多了2万多人。参加中考考生人数变化趋势与填报志愿考生人数变化趋势基本相同，且参加中考考生人数整体均多于填报志愿考生人数。这是由于中考是义务教育阶段的终结性考试，是学生毕业和升学的基本依据，因此参加中考考生人数是多于填报志愿考生人数的。（见图3-1-8）

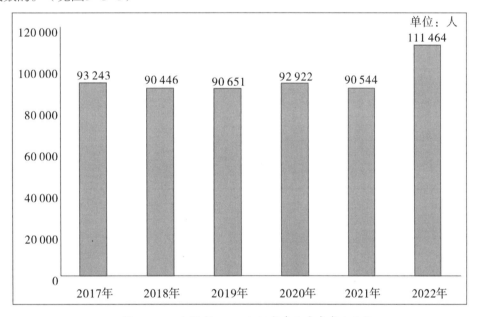

图3-1-8 广州市2017—2022年参加中考考生人数

三、中考录取情况分析

由于所获取的数据不完整，本文只对普通高中录取情况和中职学校录取情况进行分析。

（一）普通高中录取

2017—2022年，普通高中录取计划完成率超过了94%，录取率均在60%左右。2017—2020

年，公办普通高中和民办普通高中计划达成率均在90%以上。这说明，普通高中阶段的学位得到了充分的利用。（见表3-1-6和表3-1-7）

表3-1-6　普通高中招生计划和录取情况

年份	普通高中计划录取人数/人	普通高中录取人数/人	计划完成率/%	录取率/%
2017年	58 094	55 171	94.97	66.11
2018年	53 868	52 919	98.24	63.94
2019年	53 717	53 236	99.10	60.05
2020年	54 878	54 363	99.06	59.91
2021年	56 157	53 226	94.78	60.38
2022年	62 374	62 459	100.14	57.75

表3-1-7　公办、民办普通高中招生计划和录取情况[①]

年份	公办普通高中计划录取人数/人	公办普通高中录取人数/人	公办普通高中计划达成率/%	民办普通高中计划录取人数/人	民办普通高中录取人数/人	民办普通高中计划达成率/%
2017年	53 026	50 336	94.93	5068	4835	95.40
2018年	48 583	48 005	98.81	5285	4914	92.98
2019年	48 653	48 398	99.48	5064	4838	95.54
2020年	49 553	49 365	99.62	5325	4998	93.86
2021年	—	—	—	—	—	—
2022年	—	—	—	—	—	—

关于"名额分配"考生情况。根据不完整的数据情况显示，2017年"名额分配"计划共9002人，录取7243人，计划完成率为80.46%；2018年"名额分配"考生共录取6489人；2019年"名额分配"比例提高至50%，录取人数大幅提升至13 385人；2020年，"名额分配"考生共录取14 476人。综上可知，"名额分配"政策使得优质教育资源普惠越来越多的学生，"名额分配"政策对推动基础教育优质均衡发展，构建良好教育生态起到了重要作用。

关于随迁子女录取情况。广州市招生考试委员办公室官网并未公布相关录取数据，但从相关报道中可以间接了解录取情况。如2019年随迁子女报考公办普通高中门槛降低，获得感进一步提升；2021年随迁子女入学政策进一步优化，根据区域实行弹性比例，录取机会进一步增加。由此可知，随迁子女在广州市通过中考升学难度逐渐降低，随迁子女能够获得更多的机会进入高中阶段的学习。

---

①表中"—"代表广州市招生考试委员办公室官网未公布此项数据，下同。

（二）中职学校录取

2021年、2022年广州市招生考试委员办公室中职学校志愿统计口径不再以"中职志愿"统一公布数据，而是以中职三二分段及省级以上重点特色专业志愿和中职学校其他专业志愿分别统计。同样的录取数据也是以中职三二分段及省级以上重点特色专业和中职学校其他专业来统计。因此，为了更清晰地了解录取情况，本文将中职学校录取情况分成2017—2020年（见表3-1-8）和2021—2022年（见表3-1-9）分别呈现。

2017—2020年，中职学校录取率约为60%，其中普通中专学校录取人数最多。（见表3-1-8）2021—2022年，中职学校其他专业录取率在40%左右，而中职三二分段及省级以上重点特色专业的录取率较高，2021年为87.84%，2022年为60.87%。（见表3-1-9）由此说明，中职三二分段及省级以上重点特色专业更受考生青睐，有些学校的一些中职三二分段及省级以上重点特色专业的计划完成率达100%。而对于中职学校其他专业来说，录取率偏低，考生更愿意选择在普通中专学校就读。

表3-1-8　中职学校录取情况（2017—2020年）

年份	录取人数/人	录取率/%	职业高中录取人数/人	普通中专录取人数/人	技工学校录取人数/人
2017年	28 804	61.06	8895	12 058	7851
2018年	26 833	63.34	8096	11 762	6975
2019年	22 462	61.75	7677	9777	5008
2020年	22 155	59.10	7099	10 555	4501

表3-1-9　中职学校录取情况（2021—2022年）①

年份	中职其他专业录取人数/人	录取率/%	职业高中录取人数/人	普通中专录取人数/人	技工学校录取人数/人	中职三二分段录取人数/人	录取率/%
2021年	13 031	38.24	3597	5470	3964	8451	87.84
2022年	17 906	41.04	4265	6557	7084	10 485	60.87

四、结论与政策建议

综合中考志愿填报和招生录取情况，可以做出以下结论。第一，普通高中学位得到充分

---

①由于表格限制，表3-1-9中"中职三二分段"展示的是中职三二分段及省级以上重点特色专业录取人数。

利用。普通高中一直以来都是中考志愿的主流，公办和民办普通高中的学位都得到充分利用。第二，随着政策的优化，各种类型的考生有更多的机会进入高中阶段的学习，使得优质教育资源普惠越来越多的学生，促进了教育优质均衡发展和教育公平。如自主招生政策、名额分配政策、随迁子女就读政策等。第三，中职三二分段及省级以上重点特色专业更受中职志愿考生青睐，录取率较高，对于中职学校其他专业来说，录取率偏低，考生更愿意选择在普通中专学校就读。

同时，也可以在以下方面做出适当的调整或改善。第一，自主招生工作还需进一步加强。当前自主招生志愿填报的比例稍低于政策文件中要求的比例，人数上还可以有一定程度的提升。因此，学校、教师等可在自主招生工作上予以更多的重视。第二，中职学校各专业录取工作有待加强。当前，中职三二分段及省级以上重点特色专业录取在中职学校中最受欢迎，但就录取率来看，还有一些学位没有得到充分利用。除了普通中专学校，职业高中和技工学校学位没有得到充分的利用。建议强化中职学校在招生、宣传等方面对专业的解读，让更多的中职学校学位得到利用。第三，继续做好中考全方位的宣传工作。当前普通高中是中考志愿的主流，中职学校志愿和录取率都较低，建议学校、教师或家长结合考生个人实际进行选择，让高中阶段的学习能够惠及更多的考生，促进教育的多样化。

广州市基础教育招生规模及学位需求预测分析报告

肖秀平[*]

《广州市教育事业发展"十四五"规划》提出"全市新增基础教育学位40万个、新增公办基础教育学位30万个"的学位发展目标。2021年6月以来，广州市天河区、荔湾区、番禺区、南沙区、海珠区、白云区等行政区陆续发布了2022年区域内义务教育阶段学位预警。本报告尝试通过测算招生数与0～14岁常住人口之间的差异系数，分析广州市基础教育招生规模协调度；通过京、津、沪、渝、穗五市招生规模及常住人口增长率比较，分析广州市基础教育招生规模十年变化在五市中的位置；并采用年级升级比例法对2022—2025年广州市基础教育学位需求进行预测分析。

一、广州市基础教育招生规模协调度分析

本部分借鉴城市规划中"城市人口—土地城镇化失调等级划分类别"标准，确定了"城市常住人口—教育协调度等级"标准[①]，通过测算招生数与0～14岁常住人口之间年均增长率的差异系数（CV），判断2010—2020年广州市基础教育招生规模协调度。

（一）幼儿园招生规模出现"协调发展"

2010—2020年，广州市幼儿园入园人数年均增长率为7.45%，0～14岁常住人口年均增长率为5.93%，二者的离差系数为0.16，幼儿园入园人数与0～14岁常住人口呈"协调发展"。（见表3-2-1）

（二）小学招生规模出现"轻度失调"

2010—2020年，广州市小学招生数年均增长率为3.63%，0～14岁常住人口年均增长率为5.93%，二者的离差系数为0.34，小学招生数与常住人口呈"轻度失调"。（见表3-2-1）

---

[*]肖秀平，女，广州市教育研究院副研究员，教育规划与政策研究所副所长，主要研究方向为基础教育政策、教育评价。

[①]失调等级划分标准：极度失调（CV>1），严重失调（0.8<CV≤1），高度失调（0.6<CV≤0.8），中度失调（0.4<CV≤0.6），轻度失调（0.2<CV≤0.4），协调发展（0<CV≤0.2）。

（三）初中和普通高中招生规模出现"极度失调"

2010—2020年，广州市初中和普通高中招生数年均增长率分别为0.58%和-1.09%，0～14岁常住人口年均增长率为5.93%，初中和普通高中招生数与0～14岁常住人口的离差系数分别为1.16和2.05，都呈现"极度失调"。（见表3-2-1）

（四）基础教育总体招生规模出现"轻度失调"

基础教育总体招生数十年年均增长率与0～14岁常住人口十年年均增长率的差异系数为0.38，二者呈"轻度失调"。（见表3-2-1）

表3-2-1　2010—2020年广州市基础教育招生数与0～14岁常住人口协调度

学段	幼儿园	小学	初中	普通高中	基础教育
年均增长率/%	7.45	3.63	0.58	-1.09	3.41
离差系数	0.16	0.34	1.16	2.05	0.38
协调等级	协调发展	轻度失调	极度失调	极度失调	轻度失调

二、广州市基础教育招生规模十年变化五市比较分析[①]

本部分选取京、津、沪、渝、穗五个国家中心城市，对基础教育总体招生规模，幼儿园、小学、初中、普通高中各学段招生规模与常住人口的十年变化趋势进行比较，分析广州市基础教育招生规模在国家中心城市中的位置。

（一）广州市基础教育招生数增速仅低于北京市

2010—2020年，京、津、沪、渝、穗五市基础教育招生数十年年均增长率分别为4.61%、3.19%、2.42%、-0.92%、3.41%，广州市仅次于北京市，位于第二位。相对于城市常住人口年均增长率，广州市和重庆市的基础教育招生数增长率低于城市常住人口增长率。（见表3-2-2）

（二）广州市幼儿园入园人数增速仅低于北京市

2010—2020年，京、津、沪、渝、穗五市幼儿园入园人数十年年均增长率分别为7.76%、3.77%、3.30%、-1.95%、7.45%，广州市仅次于北京市，位于第二位。相对于城市常住人口年均增长率，广州市和北京市、天津市、上海市的幼儿园入园人数年均增长率皆高于城市常住人口增长率。（见表3-2-2）

---

①其他城市数据来源：根据各年度各城市统计年鉴数据测算。

（三）广州市小学招生数增速低于北京市和天津市

2010—2020年，京、津、沪、渝、穗五市小学招生数十年年均增长率分别为5.92%、4.95%、2.24%、-0.19%、3.63%，广州市低于北京市和天津市，位于第三位。相对于城市常住人口年均增长率，广州市和重庆市的小学招生数增长率均低于城市常住人口增长率。（见表3-2-2）

（四）广州市初中招生数增速低于北京市、天津市和上海市

2010—2020年，京、津、沪、渝、穗五市初中招生数十年年均增长率分别为1.78%、2.73%、2.10%、-0.71%、0.58%，广州市低于北京市、天津市和上海市，位于第四位。相对于城市常住人口年均增长率，广州市和重庆市的初中招生数增长率均低于城市常住人口增长率。（见表3-2-2）

（五）广州市普通高中招生数增速位居五市之末

2010—2020年，京、津、沪、渝、穗五市高中招生数十年年均增长率分别为-0.72%、0.06%、1.04%、-0.46%、-1.09%，广州市排名最后。相对于城市常住人口年均增长率，只有上海市的高中招生数增长率高于城市常住人口增长率，其他四市均低于城市常住人口增长率。（见表3-2-2）

综上所述，就招生数增速而言，广州市基础教育和幼儿园在五市中位居第二；小学位居第三；初中位居第四，普通高中位居最末。相对于城市常住人口增速，广州市的常住人口十年年均增长率位居五市之首，但只有幼儿园入园人数的增速超过了常住人口增速，小学、初中和基础教育均低于常住人口增速，与重庆市处于相同境地，普通高中更是出现了负增长。

表3-2-2　2010—2020年京、津、沪、渝、穗五市基础教育招生数增速

城市	各学段招生数增速					
	基础教育	幼儿园	小学	初中	普通高中	常住人口
北京	4.61%	7.76%	5.92%	1.78%	-0.72%	1.11%
天津	3.19%	3.77%	4.95%	2.73%	0.06%	0.69%
上海	2.42%	3.30%	2.24%	2.10%	1.04%	0.78%
重庆	-0.92%	-1.95%	-0.19%	-0.71%	-0.46%	1.06%
广州	3.41%	7.45%	3.63%	0.58%	-1.09%	3.93%

三、广州市基础教育学位需求预测分析

本部分采用年级升级比例法[①]，对2022—2025年广州市基础教育学位[②]需求进行预测，并对各学段学位缺口进行测算。

（一）各年级升级比例假设及测算

本报告采用2019—2021年广州市基础教育各年级升级比例平均值，作为2022—2025年各年级的升级比例。因常住人口数据获取问题，幼儿园小班的升级比例，采用2020—2021年广州市3岁常住人口入读小班的升级比例平均值，其中2021年广州市3岁常住人口数[③]的统计节点是2022年3月。（见表3-2-3）

表3-2-3　2022—2025年广州市基础教育各年级升级比例

年级	升级比例/%
幼儿园小班	107.14
幼儿园中班	122.48
幼儿园大班	111.45
小学一年级	109.90
小学二年级	99.57
小学三年级	98.88
小学四年级	98.21
小学五年级	97.55
小学六年级	96.69
初中一年级	98.43
初中二年级	96.68
初中三年级	89.09
高中一年级	47.82
高中二年级	99.35
高中三年级	99.75

[①]年级升级比例法（Grade Progression Ratio或GPR）：这是学龄人口预测的国际通用方法之一，其前提是假设各年级升级比例不变，由现有在校生人数或适龄常住人口数乘以升级比例得出。相关研究表明，年级升级比例法在预测短期学位需求方面具有优势，准确度较高。

[②]本报告所指的学位需求预测，只是从需求的角度预测未来各学段的在校生数，未将现有学位的存量考虑在内。

[③]2021年广州市3岁常住人口数据来自粤政易广州市人口大数据监测平台，时间节点2022年3月，其他年份人口数据来自广州市统计局。

（二）2022—2025年广州市基础教育学位需求预测

假定幼儿园在园幼儿托班人数不变，采用年级升级比例法，测算出2022—2025年广州市基础教育学位需求分别为247.66万个、259.04万个、270.59万个、282.38万个。（见表3-2-4）

表3-2-4　"十四五"时期广州市基础教育学位需求预测

学段		年度学位需求/个			
		2022年	2023年	2024年	2025年
幼儿园	小班	181 922	189 071	196 502	204 224
	中班	225 202	222 825	231 582	240 684
	大班	262 007	250 986	248 337	258 097
小学	一年级	229 184	287 940	275 827	272 917
	二年级	211 055	228 207	286 713	274 652
	三年级	195 987	208 702	225 663	283 516
	四年级	203 563	192 487	204 974	221 633
	五年级	195 542	198 576	187 771	199 953
	六年级	174 608	189 070	192 003	181 556
初中	一年级	147 844	155 562	168 446	171 060
	二年级	142 924	145 526	153 123	165 805
	三年级	133 003	138 185	140 702	148 046
普通高中	一年级	59 864	63 599	66 077	67 280
	二年级	54 598	59 476	63 187	65 649
	三年级	53 627	54 464	59 330	63 032
合计（不含托班、混合班）		2 470 929	2 584 676	2 700 238	2 818 104
合计（含托班、混合班）		2 476 636	2 590 383	2 705 945	2 823 811

（三）"十四五"时期广州市基础教育学位缺口分析

相对于2020年，"十四五"时期广州市基础教育学位需求将新增58.10万个（见表3-2-5）。根据《广州市教育事业发展"十四五"规划》中"全市新增基础教育学位40万个"的发展目标，不考虑"十三五"时期的存量学位，广州市基础教育学位需求与规划目标存在18.10万的差距[①]。

---

①根据广州市教育局规划建设处反馈的意见以及本报告第三部分关于基础教育各学段招生规模增速与0~14岁常住人口增速协调性的测算，在未来学位配备上应适度调高初中和普通高中学位配备数量，适度调低幼儿园学位配备数量，具体数量有待进一步研讨。

表3-2-5 "十四五"时期广州市基础教育新增学位需求

学段	2020年在校学生数/人	2021年在校学生数/人	2025年学位需求预测数/个	"十四五"时期新增学位需求/个
幼儿园	574 541	633 203	708 712	134 171
小学	1 125 103	1 164 403	1 434 226	309 123
初中	383 753	407 956	484 912	101 159
普通高中	159 450	161 633	195 961	36 511
合计	2 242 847	2 367 195	2 823 811	580 964

四、结论与政策建议

（一）主要结论

1. 2010—2020年，广州市基础教育整体招生规模十年持续增长；增速低于0～14岁常住人口，与0～14岁常住人口增速出现"轻度失调"；在京、津、沪、渝、穗五个国家中心城市中位居第二；"十四五"时期学位需求将新增58.10万个。

2. 2010—2020年，广州市幼儿园招生规模十年持续增长；增速高于0～14岁常住人口，与0～14岁常住人口呈"协调发展"；在京、津、沪、渝、穗五个国家中心城市中位居第二；"十四五"时期学位需求将新增13.42万个。

3. 2010—2020年，广州市小学招生规模九年持续增长，2020年回落幅度较大；十年增速略低于常住人口，与0～14岁常住人口增速出现"轻度失调"；在京、津、沪、渝、穗五个国家中心城市中位居第三；"十四五"时期学位需求将新增30.91万个。

4. 2010—2020年，广州市初中招生规模十年呈V形发展态势；增速明显低于0～14岁常住人口，与0～14岁常住人口呈"极度失调"；在京、津、沪、渝、穗五个国家中心城市中位居第四；"十四五"时期学位需求将新增10.12万个。

5. 2010—2020年，广州市普通高中招生规模十年多次起伏，总体呈下降趋势；与0～14岁常住人口呈"极度失调"；在京、津、沪、渝、穗五个国家中心城市中排名最后；"十四五"时期学位需求将新增3.65万个。

（二）发展建议

1. 密切关注基础教育各学段招生规模，适时调整学位配备计划。《广州市教育事业发展"十四五"规划》中提出的"全市新增基础教育学位40万个"的学位发展目标，与按照年级增长比例法预测的学位需求存在18.10万个的差距，差距较大，值得关注。考虑到单一预测方法可能产生的误差，建议密切关注基础教育各学段招生规模，特别是结合2022年全市各区各学段招生中出现的学位紧张程度，适时调整学位配备计划。根据各学段学位需求预测缺口及轻重缓急，分类确定基础教育各学段学位新增数量及建设进度。

2. 完善学位预警机制。目前各区学位预警机制更多是面向学校和市民，建议拓展学位预警机制的范围，建立面向学校、市民、区市政府部门等各决策部门的多元学位预警机制。《广州市义务教育学校招生工作指导意见》《广州市基础教育发展"十四五"规划》均提出"建立完善学位预警机制"的相关任务，前者明确了各区教育行政部门的主体责任，后者则未提及责任主体，建议明确学位预警机制的责任主体，切实发挥学位预警机制的作用。

黄埔区学前教育与义务教育学生规模变化分析报告

李志刚 *

作为经济高速发展的区域，黄埔区人口吸引力不断增强，人口总量稳步增长。区域人口数量及结构是区域学位配置的首要影响因素。为解决学位需求问题，近几年黄埔区政府加大了学校建设，幼儿园学位紧缺问题有所改善，但小学和初中学位紧缺问题依然严峻。黄埔区通过加速扩容，提高人口与学位的匹配度，科学研制教育配套设施，进一步探索和创新集团化办学、学区协作、教育联盟等多种办学模式改革，大力促进薄弱学校改进；引进优质教育资源，激发发展活力；加强师资建设，扩充教师编制，确保黄埔区教育优质均衡发展。本报告在分析黄埔区人口发展特点的基础上，分析区内学前教育与义务教育学位数量与学位需求，探求二者关系之间存在的巨大差距。

一、黄埔区人口发展特点

"十四五"时期是开启全面建设社会主义现代化国家新征程的第一个五年，黄埔区身处改革开放最前沿，以创新为"最强引擎"，布局世界级产业创新生态链。随着"万亿制造"计划的顺利推进、产业转型升级加速、人才政策体系壮大、城市基础设施与公共服务不断完善，人口集聚趋势进一步延续，人口规模持续稳定增长，人口结构进一步优化，人口发展质量不断提升。黄埔区人口发展呈现以下特点。

（一）人口总量稳步增长

"十三五"以来，黄埔区人口稳步增长，2020年黄埔区常住人口为126.44万人，较2015年增加25.71万人，年均增长率为4.70%。从近十五年来看，黄埔区常住人口从2006年至2020年年均增长率为6.80%。2020年黄埔区户籍人口为60.23万人，较2015年增加16.28万人，年均增长率

---

*李志刚，男，广州市黄埔区教育研究院教研员、国家义务教育质量监测管理员。

为6.50%。从近十五年来看，黄埔区户籍人口从2006年至2020年年均增长率为3.60%，自2015年后，年均增长率明显加快，在2018年达到7.80%的相对高点，在2019年、2020年分别回落至6.60%、7.10%的水平，户籍人口增长率稳步提升的特征较为明显。

（二）人口结构持续变化

黄埔区人口结构中，户籍人口逐步追平甚至略超过非户籍人口，人口结构较为合理。常住人口呈现年轻化趋势，主要原因是来穗人口的增长和全面"二孩"政策的实施。来穗人员中青年占绝大多数，以"80后""90后"为主体。其中，25周岁及以下有2.55万人，占来穗人员总数的3.60%；26～45周岁有40.97万人，占来穗人员总数的58.20%；46～59周岁有11.82万人，占来穗人员总数的16.80%；60周岁以上有2.76万人，占来穗人员总数的3.90%，年龄中位数为32.31，总体结构相对合理。

（三）人口学历水平显著提升

黄埔区在过去六年中聚集高层次人才1152名，居全市第一，并引进院士103名，共建5所高水平大学研究院、研究生院。2020年黄埔区常住人口中，拥有本科文化程度人口占比12.10%，拥有硕士研究生及以上文化程度人口占比1.80%；户籍人口中拥有本科文化程度人口占比16.70%，拥有硕士研究生及以上文化程度人口占比3.40%。"十四五"时期随着黄埔区经济的发展，以及"金镶玉"系列政策步入2.0时代，对高层次领军人才、高校毕业生、职业技能人才影响力将进一步突显，人口学历水平将显著提升。

（四）人口国际化水平不断增强

随着黄埔区大力推动投资贸易自由化便利化、聚焦主导产业招商、加强"一带一路"国际产能合作、促进"一带一路"服务贸易加快发展、以展促贸推动"一带一路"外贸创新发展、深化人文合作交流等工作的落实，国际自贸区和综合交通枢纽建设加速，城区国际影响深度进一步提升，国际移民和人口流动日趋增加，人口国际化趋势不断强化和升级。

二、黄埔区学前教育和义务教育阶段学生规模发展趋势

（一）学前教育与义务教育在校生总体情况

2019—2021年，黄埔区学前教育在园幼儿数年均增长率为11.01%。其中，3岁在园幼儿数年

均增长率为8.02%，4岁在园幼儿数年均增长率为18.25%，5岁及以上在园幼儿数年均增长率为6.43%。（见表3-3-1）

表3-3-1　2019—2021年黄埔区在园幼儿数

在园幼儿年龄	在园幼儿数/人			年均增长率/%
	2019年	2020年	2021年	
3岁	11 426	15 376	13 259	8.02
4岁	12 537	13 136	17 113	18.25
5岁及以上	12 358	13 401	13 948	6.43
合计	36 321	41 913	44 320	11.01

2019—2021年，黄埔区小学在校学生数年均增长率为4.75%。其中，四年级在校学生数增幅最大，年均增长率为11.28%。（见表3-3-2）

表3-3-2　2019—2021年黄埔区小学在校学生数

年级	在校学生数/人			年均增长率/%
	2019年	2020年	2021年	
一年级	14 884	14 676	14 959	0.25
二年级	14 680	14 892	14 357	−1.10
三年级	12 492	14 520	14 465	7.90
四年级	11 246	12 282	13 783	11.28
五年级	10 193	11 085	11 749	7.63
六年级	9437	9910	10 553	5.91
合计	72 932	77 365	79 866	4.75

2019—2021年，黄埔区初中在校学生数年均增长率为9.28%。其中，八年级在校学生数增幅最大，年均增长率为12.02%。（见表3-3-3）

表3-3-3　2019—2021年黄埔区初中在校学生数

年级	在校学生数/人			年均增长率/%
	2019年	2020年	2021年	
七年级	8942	10 196	10 599	9.27
八年级	8052	8818	9988	12.02
九年级	7609	7926	8584	6.41
合计	24 603	26 940	29 171	9.28

（二）同一届学生在校生数变化情况

2019—2021年，同一届学前教育在园幼儿数逐年增加，年均增长率为11.04%。在园幼儿数增长主要是新增年轻来穗人员子女在黄埔区入读幼儿园。（见表3-3-4）

表3-3-4 2019—2021年同一届学前教育在园幼儿数三年变化情况

2019届学前教育在园幼儿数变化情况	2019年（3岁）/人	2020年（4岁）/人	2021年（5岁）/人	年均增长率/%
	11 426	13 136	13 948	11.04

2019—2021年，同一届小学在校生数略有下降，其中小学一至三年级年均增长率为-1.41%，小学四至六年级年均增长率为-3.08%。人数下降是因为部分随迁子女受户籍限制及初中学位紧缺，无法升入本地初中就读而提前返回户籍所在地就读。（见表3-3-5）

表3-3-5 2019—2021年同一届小学在校生数三年变化情况

2019届一年级学生一至三年级人数变化情况	2019年（一年级）/人	2020年（二年级）/人	2021年（三年级）/人	年均增长率/%
	14 884	14 892	14 465	-1.41
2019届四年级学生四至六年级人数变化情况	2019年（四年级）/人	2020年（五年级）/人	2021年（六年级）/人	年均增长率/%
	11 246	11 085	10 553	-3.08

2019—2021年，同一届初中在校生数小幅下降，初中七至九年级平均增长率为-2.00%。人数下降是因为部分随迁子女需返回户籍所在地参加中考。（见表3-3-6）

表3-3-6 2019—2021年同一届初中在校生数三年变化情况

2019届初中生七至九年级人数变化情况	2019年（七年级）/人	2020年（八年级）/人	2021年（九年级）/人	年均增长率/%
	8942	8818	8584	-2.00

（三）同一届学生学段升学人数变化情况

2019—2021年，同一届学生幼儿园升小学、小学升初中人数均有较大幅度增长。黄埔区近几年大力新建学校，增加学位，提供优质教育环境，吸引了很多黄埔区户籍学生从其他地区返回黄埔区入读。（见表3-3-7和表3-3-8）

表3-3-7　同一届学生幼儿园升小学人数变化情况

2019年（5岁及以上）/人	2020年（一年级）/人	增长率/%
12 358	14 676	18.76
2020年（5岁及以上）/人	2021年（一年级）/人	增长率/%
13 401	14 959	11.63

表3-3-8　同一届学生小学升初中人数变化情况

2019年（六年级）/人	2020年（七年级）/人	增长率/%
9437	10 196	8.04
2020年（六年级）/人	2021年（七年级）/人	增长率/%
9910	10 599	6.95

三、2022—2025年黄埔区学前教育和义务教育阶段学生规模预测

（一）2022—2025年各年级学生规模预测

根据2019—2021年黄埔区各年级现有在校生数，考虑到影响学生人数的年增长率因素，2022年以后学生人数按照学前教育小班每年增长率为8.02%；同一届学生学前教育学生在园人数年均增长率为11.04%，同一届小学一至三年级年均增长率为-1.41%，小学四至六年级年均增长率为-3.08%，初中七至九年级年均增长率为-2.00%；同一届学生幼儿园升小学人数增长率平均值为15.19%，同一届小学升初中人数增长率平均值为7.50%计算，预测2022—2025年黄埔区学前教育和义务教育阶段学生人数情况。（见表3-3-9）

表3-3-9　2022—2025年黄埔区各学段在校生数预测

单位：人

学段	2019年	2020年	2021年	2022年预测学生数	2023年预测学生数	2024年预测学生数	2025年预测学生数
3岁小班	11 426	15 376	13 259	14 187	15 180	16 243	17 380
4岁中班	12 537	13 136	17 113	14 585	15 606	16 698	17 867
5岁及以上大班	12 358	13 401	13 948	18 824	16 043	17 166	18 368
在园人数合计	36 321	41 913	44 320	47 596	46 829	50 108	53 615
一年级	14 884	14 676	14 959	16 040	21 648	18 450	19 741
二年级	14 680	14 892	14 357	14 735	15 800	21 323	18 173

（续表）

学段	2019年	2020年	2021年	2022年预测学生数	2023年预测学生数	2024年预测学生数	2025年预测学生数
三年级	12 492	14 520	14 465	14 142	14 514	15 563	21 003
四年级	11 246	12 282	13 783	14 248	13 930	14 296	15 329
五年级	10 193	11 085	11 749	13 370	13 821	13 512	13 867
六年级	9437	9910	10 553	11 397	12 968	13 406	13 106
小学合计	72 932	77 365	79 866	83 931	92 680	96 549	101 220
七年级	8942	10 196	10 599	11 344	12 251	13 941	14 411
八年级	8052	8818	9988	10 387	11 117	12 006	13 662
九年级	7609	7926	8584	9788	10 179	10 895	11 766
初中生合计	24 603	26 940	29 171	31 519	33 548	36 842	39 840

（二）2022—2025年黄埔区常住人口与户籍人口预测

依据不同的人口自然增长率、人口机械增长情况，对2022—2025年黄埔区人口总量进行预测。黄埔区"十三五"期间常住人口年均增长率为7.10%，"十四五"期间常住人口年均增长率为3.50%，高于全市和非中心城区水平。根据对常住人口各种参数的分析预测，以及考虑来穗人口变化的影响，2025年常住人口总量的预测结果是：高方案155.92万人，中方案144.77万人，低方案134.08万人。（见图3-3-1）

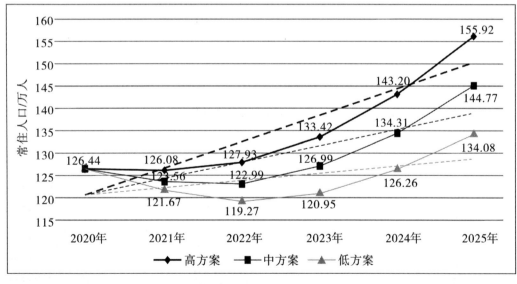

图3-3-1　黄埔区2025年常住人口三种方案预测值

黄埔区"十三五"期间户籍人口年均增长率为6.40%，"十四五"期间户籍人口年均增长率为4.60%，高于全市和非中心城区水平。2025年户籍人口总量的预测结果是：高方案76.74万人，中方案74.44万人，低方案72.19万人。（见图3-3-2）

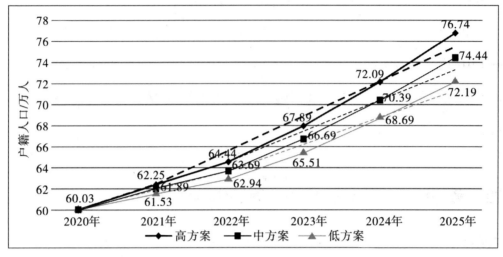

图3-3-2　黄埔区2025年户籍人口三种方案预测值

（三）按常住人口千人学位标准测算学位

根据相关建设标准，按照常住人口千人学位数测算学位，测算标准分别按幼儿园不低于40座、小学不低于80座、初中不低于40座执行，黄埔区幼儿园、小学、初中按常住人口（2022—2025年按低方案预测人口计算）需要建设的学位数以及与在校（园）学生数比较见表3-3-10。

表3-3-10　2022—2025年黄埔区千人学位测算标准学位需求

项目	2019年	2020年	2021年	2022年预测	2023年预测	2024年预测	2025年预测
常住人口/万人	123.97	126.44	119.79	119.27	120.95	126.26	134.08
幼儿园学位建设标准/座	49 588	50 576	47 916	47 708	48 380	50 504	53 632
小学学位建设标准/座	99 176	101 152	95 832	95 416	96 760	101 008	107 264
初中学位建设标准/座	49 588	50 576	47 916	47 708	48 380	50 504	53 632
幼儿园在园学生数/人	36 321	41 913	44 320	47 596	46 829	50 108	53 615
小学在校学生数/人	72 932	77 365	79 866	83 931	92 680	96 549	101 220
初中在校学生数/人	24 603	26 940	29 171	31 519	33 548	36 842	39 840
标准学位数与在园幼儿数差值	13 267	8663	3596	112	1551	396	17
标准学位数与在校小学生数差值	26 244	23 787	15 966	11 485	4080	4459	6044
标准学位数与在校初中生数差值	24 985	23 636	18 745	16 189	14 832	13 662	13 792

为解决生育政策放开后学前教育学位需求问题，近几年黄埔区政府加大了幼儿园学位建设，新建小区按标准配套建设普惠性民办幼儿园或者公办幼儿园，幼儿园学位紧缺问题有所改善。从表3-3-10中数据可以发现，虽然黄埔区现有学位数与所需学位数的差距总体呈递减趋势，但在2025年前小学和初中阶段的学位差距仍然较大，学位紧缺问题依然严峻。为此，黄埔区编制了中小学学位改扩建方案，按照"黄埔区'十四五'期间新改扩建中小学增加学位统计表"，黄埔区在"十四五"期间计划新增基础教育公办中小学学位6.5万个，其中小学学位3.9万个，初中学位1.7万个，高中学位0.9万个。

四、黄埔区保障学位供给的政策建议

黄埔区新增人口中，大部分是较高学历、较高素质、对教育重视的适婚适育青年，其对优质教育的愿望尤为强烈，黄埔区全面解决教育公平和实现基本公共教育服务均等化的问题尤为突出。如何建立起与城区承载能力、人口结构变化、入学需求等相适应的教育资源、教育结构和布局调整机制，是黄埔区教育面临的新挑战。为保障学位供给，确保黄埔区教育优质均衡发展，建议采取以下措施。

（一）加速扩容，保障人民群众子女基本入学需求

现阶段学位供需矛盾主要集中于学前及小学学段，未来3～5年内将出现初中对接小学学位转乘压力。黄埔区要充分结合产业发展、城市更新、人口变化的实际情况，提高人口与学位的匹配度，科学研制教育配套设施。探索完善教育增量扩容体制机制，细化规划配套学校，落实细节，适当增加新建教育配套设施的建筑面积和体量，预留充分的建筑空间和用地空间。同时，对不按时按量按质建设、移交的开发商加强监管，采取相应的限制措施，保障小区配套设施落地落实。创新体制机制，推动落实教育规划项目审批清单制，积极挖掘限制低效用地等土地资源，探索采用统筹过渡的办法解决学位缺口，鼓励探索以市场化手段，规划建设和运营办学项目。

（二）探索多种办学模式，促进教育质量整体提升

进一步探索和创新集团化办学、学区协作、教育联盟等多种办学模式改革，提升发展相对薄弱学校办学水平和教育教学质量；建立集团化、学区化、联盟化学校教学教研互补合作共建

机制，发挥资源辐射作用；通过教育资源整合、融通、共享带动学校和区域教育提升发展，促进校际均衡，提升整体办学质量。打造"黄埔军校""科学城""知识城""高新区"等具有黄埔区特色的教育集团，擦亮黄埔区教育品牌。在黄埔区政府的主导下，根据学校实际情况和意愿，推进"优质学校办分校""优质学校+新校""优质学校+弱校""优质学校+民校"等方式的集团化改革，托管、联盟等多种模式并行，让优质学校输出品牌、管理、教学、教师和资源等，从而大力促进薄弱学校的改进，实现教育质量的整体提升。

（三）引进优质教育资源，确保教育高质量发展

加大改革力度，探索机制创新，大力引进优质教育资源，激发活力，确保黄埔区教育高质量发展。利用现有资源，加快与教育部基础教育课程发展中心合作共建黄埔区课程改革实验区，加快与广东省教育研究院、广州市教育研究院合作建设实验学校和开展教研科研活动。加快与华南师范大学、湖南师范大学、北京师范大学、广东外语外贸大学等国内大学合作开办附属学校以及开展教研合作。积极引入区域内高科技企业与技术资源，探索高新技术进校园计划，提升学校科技教育水平，形成黄埔区学校高科技教育特色。积极引进优质国际教育资源，包括国际中小学以及高等教育资源，打造广州优质国际学校集群。

（四）加强师资建设，扩充教师编制，优先保障义务教育新增教师需求

建立优秀教育人才引进外部循环机制，扩充教师编制，吸引优质教师。创新师资调配的内部循环机制，进一步落实校长教师交流机制，鼓励更多优秀教师流向发展相对薄弱的学校，采用老教师进新学校，新教师进老学校等流动方式，激发区域内教师活力。深入实施"区管校聘"政策，充分考虑薄弱学校、边远学校的实际需要，统筹分配各校教职工编制数，实行学区内统筹配置、动态调整的管理机制，加强教师合理流动，实现教师资源均衡化。探索教师激励机制，增加教育财政投入，优先保障义务教育新增教师需求，提高教师工资待遇水平，提升临聘教师待遇，配齐配足专任教师。

番禺区南村镇义务教育公办学校学生规模变化分析报告

陈兰芬　林家玲*

学龄人口是义务教育学位资源配置的重要参考要素，而城镇化率、出生率、人口迁入等直接影响着未来一段时间区域学龄人口的规模。2021年末2022年初，广州市常住人口1881.06万人，城镇化率为86.46%；2021年年末户籍人口1011.53万人，其中，户籍出生人口11.80万人，出生率11.82‰；自然增长人口6.25万人，自然增长率6.26‰；户籍迁入人口24.16万人，机械增长人口20.13万人；户籍人口城镇化率为80.81%[①]。番禺区常住人口281.83万人，在广州市11个行政区中位列第二。南村镇是广州市番禺区人口第一大镇，根据第七次全国人口普查数据，南村镇有常住人口341 702人，占番禺区常住人口的12.85%，其中，南村镇0～14岁人口占番禺区该年龄段人口的14.14%[②]。随着城市化进程的推进，南村镇面临着"城镇挤、乡村空"的分布不均等问题，城镇学校尤其是小区配套学校学位紧张，乡村学校学位相对富余。为应对"新市民子女进城上学"的学位需求，合理配置义务教育学位资源，对南村镇义务教育阶段学生规模进行分析，并在此基础上对适龄人口的学位需求进行预测具有重要意义。

一、南村镇义务教育学校整体概况

番禺区南村镇素有崇文重教的传统，在大力发展经济的同时，始终立足于"科教兴镇"的发展战略，坚持教育优先发展，营造尊师重教的良好社会风气。2022年，南村镇共有义务教育阶段公办学校18所，其中小学学段16所，初中学段4所（其中锦绣香江学校、南雅学校为九年一贯制学校，南村中学为完全中学，南村镇侨联中学为初级中学）；义务教育阶段公办学校共有在校生19 834人，其中初中5919人、小学13 915人。镇内共有民办学校10所，其中小学学段8所，

---

*陈兰芬，男，广州市番禺区南村教育指导中心副主任、高级教师，研究方向为语文教学、教育管理；林家玲，女，广州市番禺区南村镇雅居乐小学高级教师，主要研究方向为语文教学、教育管理。

[①]数据来源：《2021年广州市国民经济和社会发展统计公报》。

[②]数据来源：广州市番禺区人民政府网。

初中学段6所，提供起始年级小学学位1449个，初中学位1639个。

二、南村镇义务教育公办学校在校生规模年度比较分析

（一）义务教育公办学校增加2所

2018—2022年，南村镇义务教育公办学校增加2所，由2018年的16所增加至2022年的18所。其中，公办小学学段增加2所，公办初中学段增加1所（其中南雅学校为九年一贯制学校）。

（二）义务教育公办学校在校生数逐年增加

2018—2022年，南村镇义务教育公办学校在校生数从14 229人逐年增加到19 834人，增加了5605人，年均增长率为9.85%。（见表3-4-1）

（三）公办初中学校在校生人数增幅高于公办小学

2018—2022年，南村镇公办小学在校生数从10 268人增加到13 915人，增加了3647人，年均增长率为8.88%；公办初中在校生数从3961人增加到5919人，增加了1958人，年均增长率为12.36%，公办初中在校生数年均增幅高于公办小学。（见表3-4-1）

表3-4-1　2018—2022年南村镇义务教育公办学校在校生人数

学段	2018年	2019年	2020年	2021年	2022年	年均增长率/%
小学在校生数/人	10 268	11 590	12 860	13 051	13 915	8.88
初中在校生数/人	3961	4930	5218	6050	5919	12.36
合计/人	14 229	16 520	18 078	19 101	19 834	9.85

三、南村镇学位需求加大的应对措施及新问题

（一）应对措施

南村镇是外来人口比较密集的地区，随着来穗人员不断增加，非户籍学龄儿童数量也随之增加，对义务教育学位的刚性需求大幅增加。为此南村镇主要采取了扩大积分入学学位、新建

小区配套学校[①]、统筹调整部分学校招生范围[②]等方式来缓解来穗人员子女入读公办学校学位紧张的问题。

（二）新问题

虽然近十年南村镇新增了7所小区配套学校，但来穗人员子女入学需求逐年增加，多数学校增加了招生人数，导致部分学校的生均办学提交标准低于番禺区平均水平。如2021年南村镇的南华小学、汇贤小学、里仁洞小学生均教学及辅助用房面积低于番禺区平均水平（3.85%）；红郡小学、剑桥郡小学、雅居乐小学、南华小学、罗边小学生均固定资产总值低于番禺区平均水平（1.95%）；樟边小学、雅居乐小学、员岗剑父小学、坑头小学、汇贤小学、里仁洞小学、罗边小学、梅江小学每百名学生拥有骨干教师低于番禺区平均水平（1.15%）。（见表3-4-2）

表3-4-2　2021年南村镇各中小学资源配置与番禺区平均水平比较

学校	学段	生均教学及辅助用房面积/m²	生均固定资产总值/元	每百名学生拥有骨干教师/名
广州市番禺区红郡小学	小学	2.64	−0.45	0.24
广州市番禺区剑桥郡小学	小学	5.24	−0.22	0.51
广州市番禺区南村镇樟边小学	小学	0.87	0.50	−0.37
广州市番禺区南村镇中心小学	小学	1.89	0.32	0.36
广州市番禺区南村镇雅居乐小学	小学	1.46	−0.75	−0.16
广州市番禺区南村镇员岗剑父小学	小学	4.52	1.96	−0.13
广州市番禺区南村镇坑头小学	小学	0.77	2.48	−0.18
广州市番禺区南村镇南华小学	小学	−0.79	−0.45	0.41
广州市番禺区南村镇汇贤小学	小学	−1.09	0.12	−0.01
广州市番禺区南村镇市头小学	小学	10.53	2.49	1.35
广州市番禺区南村镇里仁洞小学	小学	−1.97	0.09	−0.13
广州市番禺区南村镇罗边小学	小学	0.12	−0.08	−0.01
广州市番禺区南村镇梅江小学	小学	1.38	0.72	−0.16
铂世湾学校	小学	15.58	3.21	0.38
广州市番禺区南村镇锦绣香江学校	九年一贯制小学部	−0.03	−2.14	0.20
	九年一贯制初中部			0.99

---

①近十年南村镇新建的小区配套学校有南雅学校、雅居乐小学、剑桥郡小学、南华小学、锦绣香江学校、红郡小学、铂世湾学校等。

②南村镇根据就近原则，将里仁洞小学和罗边小学用来解决邻近楼盘的非"人户一致"适龄儿童入学等问题。

（续表）

学校	学段	生均教学及辅助用房面积/m²	生均固定资产总值/元	每百名学生拥有骨干教师/名
广州市番禺区南雅学校	九年一贯制小学部	1.13	1.94	-0.10
	九年一贯制初中部			0.58
广州市番禺区南村镇侨联中学	初级中学	2.38	4.23	1.08
广州市番禺区南村中学	完全中学初中部	0.38	-0.25	0.21
	完全中学高中部			-0.28

四、南村镇义务教育公办学校学龄人口[①]预测及学位差距

（一）2023—2027年南村镇义务教育公办学校学龄人口预测

本报告将义务教育阶段适龄人口的年龄界定为6～15周岁，对应义务教育阶段一至九年级。从义务教育阶段公办学校学龄人口总体来看，"全面二孩"政策实施后，义务教育阶段学龄人口将在2025年达到峰值。其中，公办小学学龄人口在2024年达到峰值后，在2025年略有回落，到2027年将出现大幅回落；公办初中学龄人口将保持五年持续增长。（见表3-4-3）

表3-4-3　2023—2027年南村镇学龄人口预测

年份	小学学龄人口数/人	初中学龄人口数/人	义务教育阶段学龄人口数/人
2023年	14 817	4577	21 412
2024年	14 983	5252	22 396
2025年	14 697	5854	22 735
2026年	13 869	6363	22 562
2027年	11 809	6675	20 893

（二）2023—2027年南村镇各社区居委义务教育适龄人口入户数预测

从各社区居委摸查结果看，义务教育阶段起始年级越接近入学年份，入户人数越多。这是因为南村镇城镇化进程加速，学生由农村向城镇转移，加之经济快速发展，大量来穗人员子女将会以购房（小区配套）或入户公共居委等方式获取入学资格。2023年入户人数约为2027年的两倍，义务教育公办学校学位需求逐年下降。根据番禺区小区配套学校招生原则，非"人户一

[①]考虑学年制中的跨学龄因素，以对应年级适龄人口的年龄均值作为年级学龄人口数，以小学一年级为例，对应年级学生的年龄应为6岁或7岁，则以6岁与7岁学龄人口的平均值作为与一年级学生对应的数据。

致"的业主子女可根据购房时间先后排队获得录取资格，但小区配套学校学位需求依然紧张。

表3-4-4　2023—2027年各社区居委入学适龄人口入户数预测表

社区居委	入户数/人				
	2023年	2024年	2025年	2026年	2027年
公共集体户	184	168	145	112	118
南村居委	274	236	199	129	126
永大居委	16	3	4	7	4
华碧居委	261	218	204	163	116
广地居委	73	52	53	51	48
星河湾居委	74	71	62	40	36
华新居委	154	124	100	68	55
铂世湾居委	46	40	42	32	32
里仁洞居委	175	170	156	121	96
雅居乐北苑居委	123	118	131	92	59
兴南社区	313	273	265	186	150
锦绣居委	126	119	97	75	14
雅居乐居委	392	314	200	169	138
海怡半岛社区居委	40	41	36	41	27
合计	2251	1947	1694	1286	1019

（三）招生计划与适龄人口①差距分析

1. 招生计划不能满足学龄人口入学需求的公办学校。

根据2023—2025年适龄人口与招生计划的比对，南村镇有6所小学、3所中学的招生计划不能满足适龄人口的学位需求。它们分别是中心小学、红郡小学、汇贤小学、里仁洞小学、南华小学、市头小学、南村中学、侨联中学、南雅学校（中学部）。其中，红郡小学、里仁洞小学、南华小学、南雅学校（中学部）为小区配套学校，统计数据未包括非"人户一致"业主子女数量。（见表3-4-5）

---

①考虑到越接近入学年龄，适龄人口入户人数越多，本次招生计划与适龄人口的差距对比分析仅考虑2023—2025年适龄人口。

表3-4-5　南村镇招生计划低于适龄户籍人口的义务教育公办学校

单位：人

学校名称		学校招生计划数	2023年适龄人口数	2024年适龄人口数	2025年适龄人口数
小学	中心小学	270	409	370	305
	红郡小学	225	313	273	265
	汇贤小学	180	398	332	276
	里仁洞小学	180	307	299	256
	南华小学	180	261	218	204
	市头小学	90	108	109	108
初中	南村中学	500	646	770	817
	侨联中学	400	608	707	793
	南雅学校（中学部）	200	367	448	410

2. 招生计划高于学龄人口入学需求的公办学校。

根据2023—2025年适龄人口与招生计划的比对，南村镇有10所小学、1所中学的招生计划高于适龄人口的学位需求。它们分别是雅居乐小学、铂世湾学校、剑桥郡小学、锦绣香江学校（小学部）、南雅学校（小学部）、员岗剑父小学、梅江小学、坑头小学、樟边小学、罗边小学、锦绣香江学校（中学部）。其中，雅居乐小学、南雅学校（小学部）、铂世湾学校、剑桥郡小学、锦绣香江学校（小学部）为小区配套学校，统计数据未包括非"人户一致"业主子女数量。（见表3-4-6）

表3-4-6　南村镇招生计划高于适龄户籍人口的义务教育公办学校

单位：人

学校		学校招生计划数	2023年适龄人口数	2024年适龄人口数	2025年适龄人口数
小学	雅居乐小学	270	261	198	132
	铂世湾学校	180	46	40	42
	剑桥郡小学	180	123	118	131
	锦绣香江学校（小学部）	180	126	119	97
	南雅学校（小学部）	180	131	116	68
	员岗剑父小学	135	100	86	58
	梅江小学	135	90	89	69
	坑头小学	135	90	81	80
	樟边小学	135	65	61	42
	罗边小学	90	37	54	54
中学	锦绣香江学校（中学部）	100	75	85	96

五、政策建议

（一）优化布局，保障学校办学条件不断提升

通过新建、扩建等方式不断加大义务教育学位供给力度。同时，根据适龄儿童入读需求和教育资源承载能力，建立与学位供给基本协调的地段划分机制。对于公办学位压力大的区域，应该加大公办学校建设力度和经费投入。加强义务教育学校建设统筹规划和协调，保障学校建设用地和经费投入，高度重视南村镇多所学校出现的生均办学条件标准低于全区平均水平的新问题，加大教育经费投入，改善学校基础设施设备建设条件，保障学校办学条件的提升。

（二）保障新增住宅项目符合适龄儿童的入读需求

随着城市化发展，新建住宅项目不断出现。对于新建住宅项目没有按规定建设配套教育设施的，应建立对新建住宅项目进行学位核定的检查制度，各职能部门联动，要求符合教育设施设备建设标准并通过审核的住宅项目方可销售。

（三）积极做好来穗人员随迁子女义务教育工作

积极落实《广州市番禺区教育局、中共广州市番禺区委政法委员会关于印发〈番禺区来穗人员随迁子女接受义务教育实施办法〉的通知》（番教规〔2020〕1号）等上级文件精神。加大宣传力度，统筹做好积分入学有关工作。加强引导，规范民办学校招生工作。根据上级政策，落实民办学校学位购买工作。保障来穗人员随迁子女接受义务教育的权利。

（四）促进区域教育教学一体化发展

坚持城乡一体化发展，加大扶持力度，大力提升薄弱学校办学水平。进一步深化教育教学改革，全面提升教育教学质量，回应人民群众由"有学上"到"上好学"的教育需求转变，满足人民群众对优质公办学位的需求。

南沙区南沙小学学生规模变化分析报告

洪涵　梁佩仪　郭韵婷[*]

　　广州市南沙区南沙小学是一所区属公办小学，具有悠久的办学历史。目前，南沙小学有校本部和时代南湾两个校区。近年来，学校学生规模出现较大幅度的增加。面对学生规模的增加，哪些因素影响了生源的变化、学校的办学思路该如何调整、学校应采取哪些应对措施等问题需要深入研究。本文从学校学生规模及招生范围、学校学生规模年度变化、学校学生人数增长的原因、学校面对学生规模增加的应对措施等方面加以分析。

一、学校学生规模及招生范围

　　2022年，南沙小学两个校区共有在校学生3305人，教学班73个。其中，校本部位于南沙区环市大道南380号，招生地段包括南沙社区居委（原住民）、珠江湾、南沙奥园、晴海岸、观海美寓、玫瑰花园、富力天海湾、中盈一海里、南横村、塘坑村、大岭（界）村、龙穴街、大宏锦绣、景业东湖洲豪园、时代香海彼岸、岭南花园、南沙林场、裕豪轩、广南苑等区域。时代南湾校区位于南沙区石抖街96号，招生地段包括南北台社区居委（原住民）、时代南湾、虎门矿场、优山美墅、南沙湾石奥、富力唐宁、九王庙村、御海山庄、岭南星河荣誉、悦半湾、天悦海湾等区域。

二、学校学生规模年度变化分析

（一）在校生规模年度变化分析

　　2018—2022年，广州市南沙区南沙小学在校生数出现逐年大幅增加，由2019人增至3305人，

---

　　[*]洪涵，女，广州市南沙区南沙小学教导处副主任，主要研究方向为语文教学、教育管理；梁佩仪，女，广州市南沙区南沙小学党政办公室主任，主要研究方向为思政教育；郭韵婷，女，广州市南沙区南沙小学教导处主任，主要研究方向为英语教学、教育管理。

年均增长率为15.92%。同时，教学班也由44个增至73个。（见表3-5-1）

（二）招生规模年度变化分析

2018—2022年，学校招生数由430人增至595人，年均增长率为9.59%；招生班级由10个增至14个，年均增长率为10.00%，整体呈增长趋势。（见表3-5-1）

表3-5-1　2018—2022年南沙小学学生规模情况

类别	2018年	2019年	2020年	2021年	2022年	年均增长率/%
在校生数/人	2019	2360	2801	3151	3305	15.92
教学班数/个	44	51	62	69	73	16.48
招生数/人	430	530	601	525	595	9.59
招生班级/个	10	12	14	13	14	10.00

三、学校学生人数增长的原因分析

（一）南沙小学时代南湾校区的建成及校本部的扩招

2016年，广州市南沙区南沙小学时代南湾校区开始办学，招收一年级新生，到2022年，时代南湾校区已经开设了6个年级，共25个教学班。同时，南沙小学校本部也根据南沙区教育局的工作部署，在一年级逐年增加教学班。因此，南沙小学时代南湾校区的建成并投入使用以及校本部的扩招是南沙小学学生人数和教学班数均出现相应增加的直接原因。

（二）国家生育政策的影响

我国自20世纪80年代开始的以独生子女政策为核心内容的计划生育政策略有微调，如放开"双独二孩"（夫妻双方为独生子女，可以生育第二个孩子），以及部分省份农村地区实施的"一孩半"政策（第一个孩子为女孩，可生育第二个孩子）等。在此政策的严格执行下，我国在经历了高生育率到低生育率的迅速转变之后，人口的主要矛盾已经不再是增长过快，而是人口红利消失、临近超低生育率水平、人口老龄化、出生性别比例失调等问题。研究指出，我国的人口政策亟待转向，尤其是生育政策应该调整。原国家人口计生委的统计资料表明，2011年之前，独生子女政策覆盖率大概占到全国内地总人口的35.4%；"一孩半"政策覆盖53.6%的人口；"二孩"政策覆盖9.7%的人口（部分少数民族夫妇；夫妻双方均为独生子女的，也可生育两个孩子）；三孩及以上的政策覆盖了1.3%的人口（主要是西藏、新疆少数民族游牧民）。2011年11月，我国全面实施"双独二孩"政策；2013年12月，我国实施"单独二孩"政策；2015年10月，中国共产党第十八届中央委员会第五次全体会议公报指出，坚持计划生育基本国策，积极开展应对人口老龄化行动，实施"全面二孩"政策。2021年5月11日，国务院新闻办公室就第七次全国人口普查主要数据结果举行新闻发布会，"二孩"生育率明显提升。随着"二孩"政策的全面实行，最早出生的"二孩"近几年成为小学适龄儿童。根据学龄人口摸查，南沙小学招生范围内一年级适龄儿童数量大幅增加。为保障居民的受教育权，南沙区教育局调整了南沙小学的招生计划，增加了教学班，学校学生规模增加。因此，生育政策调整带来的生育率提高是学校办学规模增加的深层次原因之一。

（三）"粤港澳大湾区"政策的影响

2017年7月，在习近平主席的见证下，香港特别行政区行政长官林郑月娥、澳门特别行政区行政长官崔世安、国家发展和改革委员会主任何立峰、广东省省长马兴瑞共同签署了《深化粤港澳合作　推进大湾区建设框架协议》；2019年2月18日，中共中央、国务院印发了《粤港澳大湾区发展规划纲要》，各项政策的加持，让粤港澳大湾区的发展迎来新的突破。南沙区位于粤港澳大湾区的核心区域，交通便利，经济发展较好。随着近几年粤港澳大湾区的发展，南沙区的发展得到国家的重视，越来越多的名校和企业落地南沙区，带来了先进的技术和大量的资金，吸引了更多的人才到南沙区发展，之前移居到外地的南沙人也纷纷回到家乡。随着经济的发展和人口的增加，为满足人们的住房需求，南沙小学两校区对应招生地段内增加了一些新楼盘，部分居民在此地段购买了房产，增加了一年级适龄入学儿童的数量。可以说随着区域政策及经济的发展，南沙区的就业吸引力增强，加上居住楼盘的开发及配套设施的完善，带来了人口的快速迁入和学龄人口的增加。这是近几年南沙小学学位需求增加，学生人数和办学规模逐年增加的另一个深层次原因。

四、学校面对学生规模增加的应对措施

（一）配足软硬件设施设备，保障基本办学需求

在校学生规模扩大，办学条件有待改善。南沙小学新购进了一批教学设备及办公用品，并对已有教学设备进行定期维修检查，保障班级的正常教学使用。另外，学校还结合广东省中小学教师信息技术应用能力提升工程2.0试点校的建设，为教师配备相应的教学设备，以满足教师的教学需要。

（二）补充师资力量，加强教师队伍建设

在校学生规模扩大，师资规模也需相应增加。为此，南沙小学积极向南沙区教育局申请招聘引入新教师，补充师资力量，以满足学校的基本教学需求。一批新教师的加入，给学校的教师队伍建设提出了新挑战。为了让各个学科的新教师能够更好地适应学校教学，南沙小学教育集团教师发展处联合南沙小学教师发展处制定了新教师培训方案，并实行"青蓝结对"工程，为每一位新教师配备学科导师和班主任导师。新教师的导师由学校的骨干教师、有经验的教师担任，采用以老带新、为新教师答疑解惑、到新教师的课堂中听课、进行课堂诊断等方式，指出新教师在教学中存在的问题，让新教师尽快适应新环境，尽快胜任学校的教学工作。同时，学校也注重加强对已经入职五年以上的熟手教师、骨干教师的培养，通过组织开展校本研修、参与南沙区教研活动、参加多元教师培训等方式，不断提升教师的专业能力。

（三）推行年级责任制，激发教师和学生的自主管理能力

在校学生规模扩大，对学校的管理带来了新挑战。为此，南沙小学推行年级责任制，实施年级自主管理。即在每一个年级设立一位蹲级行政（由学校中层领导担任），一位年级主任和一位年级协管员（由本年级的教师担任），本年级的教师在自主报名和年级主任的统筹下，根据相应的时间进行值日巡查。同时，学校鼓励各年级充分发挥学生的自我管理能力，让学生参与到班级管理和年级管理中。即由本年级的学生担任年级值日生，进行课间纪律和卫生巡查，每班每天派相应的学生到各班进行纪律和卫生检查，采用提醒和扣分相结合的方法，对学生的不良行为进行监督。年级责任制的推行提高了办事效率，增强了各年级的凝聚力，师生的主体意识也不断提高，极大地推动了学校的发展。

（四）完善学校课程体系，为孩子一生幸福奠基

在校学生规模扩大，学校的课程体系也做出了相应调整。为了满足学生的个性化发展，南沙小学结合国家基础教育课程改革，在传承学校历史文化底蕴的基础上，坚持"发展综合素质，激发学习兴趣"的原则，构建了"仁智"课程体系。南沙小学"仁智"课程体系涵盖六大领域，从三个层面开设了基础课程、拓展课程和特色课程，并建立起"仁智"课程体系框架图。（见图3-5-1）

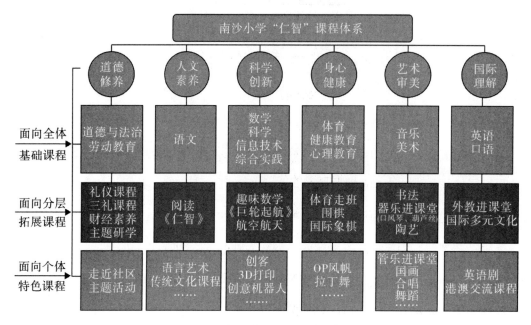

图3-5-1 "仁智"课程体系框架图

道德与法治是面向全体学生的基础课程，在此基础上，南沙小学确立了"为孩子成长领航"的大思政教育理念，是学校课程体系的亮点。基于"为孩子一生幸福奠基"的办学理念，学校结合南沙区本土教学资源，将历史、现实和未来以及各学科思政元素有机结合起来，构建了活动式、体验式的道德与法治课堂，促进了课程核心素养的落实；用课程思政元素，构建了全员、全过程、全方位育人的红色大思政新格局，增强了学生做中国人的志气、骨气、底气，争当有理想、有本领、有担当的新时代好少年，适应了新时代的发展。

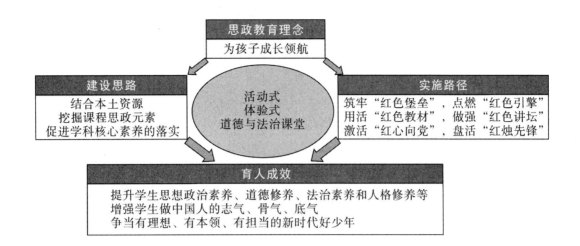

图3-5-2 南沙小学红色大思政教育体系

学校采用了社团活动、探究课等多种形式开展面向个体的特色课程。丰富多彩的社团活动课是彰显学生个性的摇篮。学生根据自己的能力水平和兴趣爱好，选择乐器、篮球、足球、羽毛球等特色课程，参加多种类型的社团，促进学生的个性化发展，让学生在活动中发挥特长，发现自己、成就自己。

总之，针对学校学生规模的变化，南沙小学领导班子和教师们给予充分的重视，在办学条件的保障、教师队伍的建设、管理方式的变革、课程体系的建设等方面积极探讨应对之策，积累了一些经验。相信经过全体师生的不懈努力，南沙小学能够继续面对新形势、谱写新篇章。

白云区集贤小学学生规模变化分析报告

卢丽莲　　雷冬香*

广州市白云区集贤小学成立于2003年，坐落在广州市白云区集贤苑教师新村内。学校占地面积7100平方米，校园环境优美，建有创客中心等现代化的功能场室，社会声誉良好、家长热捧度较高。成立之初，集贤小学是一所民办学校，仅有在校生73人。建校十九年来，学校已经拥有26个教学班，学生1136人，且学位供不应求。以下从学生规模概况、学生规模年度变化、学生规模变化原因、学校未来发展规模定位等方面展开分析。

一、学生规模概况

2022年，全校共有在校学生1136人，设26个教学班。其中，一年级有学生176人，设4个教学班；二年级有学生179人，设4个教学班；三年级有学生178人，设4个教学班；四年级有学生219人，设5个教学班；五年级有学生214人，设5个教学班；六年级有学生170人，设4个教学班。2022年，全校共招收新生176人，设4个教学班。（见表3-6-1）

表3-6-1　2022年集贤小学学生规模情况

年级	在校学生/人	班级数/个
一年级	176	4
二年级	179	4
三年级	178	4
四年级	219	5
五年级	214	5
六年级	170	4
合计	1136	26

---

*卢丽莲，女，广州市白云区集贤小学书记、副校长；雷冬香，女，广州市白云区集贤小学教学助理。

二、学生规模年度变化分析

（一）在校生规模年度变化分析

2017—2022年，学校在校生数经历了从快速上升到逐步回落的过程，在2020年达到峰值。2017—2020年，学校的在校生数从1026人逐年上升到1183人；2020—2022年，学校的在校生数从1183人逐步回落到1136人。2019—2022年，学校的教学班数稳定在26个。（见表3-6-2）

（二）招生规模年度变化分析

2017—2022年，学校招生数经历了先升后降的过程，在2018年达到招生高峰。2018年和2019年是学校的招生高峰时段，均招生5个教学班，超出了学校4个教学班的核定招生规模。2017年以及2020—2022年，学校按照核定规模4个教学班进行招生。（见表3-6-2）

表3-6-2　2017—2022年集贤小学学生规模情况

年份	在校生数/人	招生数/人	招生教学班数/个	教学班数/个
2017年	1026	180	4	24
2018年	1119	225	5	25
2019年	1182	223	5	26
2020年	1183	180	4	26
2021年	1166	179	4	26
2022年	1136	176	4	26

三、学生规模变化原因分析

（一）学校的招生范围

2022年以前，集贤小学属于民办性质的小区配套学校，学校的招生范围包括集贤苑教师新村和华发四季两个小区的地段生，如有剩余学位，则可用于满足上述两个小区中有房产但没有户口的业主子女；再有剩余学位，则可以用于向小区外生源开放。2022年上半年，学校转为公办小区配套学校，招生范围不变。学校在学位分配上坚持以实际居住地为依据、人户一致的原则。小区配套学校分批次进行学位安排，若符合条件人数超出学校学位数，则按购房（以房产证时间为准）先后顺序且优先满足房产近6年未安排小孩入读该小区配套学校的业主子女入学需求。

（二）学龄人口增加，招生地段的学位需求加大

影响学校规模变化的因素包括人口的迁入与自然增长、学校周边住宅小区的开发、学校追求规模效益、学校交通条件的改善等。在这些因素中，招生范围内的适龄儿童的增加是导致集贤小学招生规模增加的重要原因。一方面，人口的自然增长带来学龄人口相应增加。2013年国家"二孩"政策实施，人口出生进入高峰期，向后延伸6年，小学学龄人口明显增加，小学迎来入学高峰。另一方面，由于城镇化的快速推进、学校所在片区住宅小区的开发，以及广州市白云区作为人口净流入地吸引了外市及外区域人口的迁入，学龄人口随之增加。总之，学龄人口的增加，集贤小学招生地段范围内的学位需求加大，是学校扩大招生规模的重要原因。

（三）学校高质量发展，学位需求供不应求

学校日益提高的办学质量，是学校招生的最大吸引力，学校周边甚至距离学校较远地方的家长慕名前来报名，导致学校的学位需求大幅提高。集贤小学通过一系列举措逐步提升学校品牌吸引力。第一，打造独具特色的办学理念。集贤小学坚持以儒家文化为立校根基，汲取中华传统文化"自强不息，厚德载物"的精髓，追求"和而不同，天人合一"的儒家文化最高境界，结合学生年龄特点，制订了适合学生成长的"集贤教育"方略，凝练出"兼容并包"的办学理念，见贤思齐的校训，学而不厌的校风，诲人不倦的教风，学而时习之的学风。第二，创建了"贤德文化"生态体验课堂教学模式。该模式注重学生的学习能力和自信人格特质的培养，被评为广州市五大课堂教学模式之一。第三，构建了"贤德文化"特色课程体系。"贤德文化"特色课程体系包括基础型课程、"贤德文化"特色课程和体验型课程，追求课程的个性化和结构化。第四，开展集贤教育特色活动。学校根据中国的传统节日习俗，将多姿多彩的活动贯穿始终，在丰富多彩的特色活动中，集贤学子"八仙过海，各显神通"，不仅让童年生活快乐幸福，而且提升了自身的综合能力，在家长中赢得了良好的口碑。第五，建立集贤教育特色评价机制。集贤小学建立了一套系统的师生评价奖励机制，每日、每周、每月、每学期对教师、学生进行各种鼓励式的评比，激励师生不断进步。第六，打造高标准的教师队伍。学校实施本校自主培养与社会引进相结合的策略，通过"教学质量评价研究室""发现教师工作坊"等项目管理方式，努力优化教师队伍的质量结构。学校先后获评"广州市首批特色学校""广州市阳光评价试点学校""白云区德育示范学校""白云区智慧校园试点学校""白云区双

减试点学校""白云区区域性课堂教学改革教师培训基地""白云区基础教育教学成果一等奖"，这是学校吸引力增强的根本原因。

（四）场地限制和民办学校招生政策带来招生起伏

面对社会的学位需求，集贤小学挖掘校舍潜力，尽可能将能用的场地腾出来改为课室，并向上级部门申请扩班。2018年和2019年，学校招生规模在原来核定4个教学班的基础上，扩招为5个教学班，学位供求矛盾得到部分缓解。2020年以来，学校的招生从前两年的5个教学班恢复到4个教学班，主要原因在于教学场地的限制，学校无法进一步扩大教学班的规模。同时，2020年，广州市义务教育阶段民办学校招生政策出现调整，报名人数超过招生计划的需要采取摇号的方式入学，一些优质民办初中学校新增了小学部，吸引了部分生源，也缓解了集贤小学学位供需紧张的局面。

四、学校未来发展规模定位

（一）保持适度办学规模，确保办学质量

学位供不应求是近年来集贤小学招生季的常态。家长站在校门口，请求再增加学位的场景历历在目。学校能否继续扩大招生规模是学校领导班子反复讨论的议题。鉴于学校资源限制，可利用的课室均已投入教学使用；学生课间活动空间不足，学校教学楼的大堂空间已经用于课外活动场所，学校操场也已先后经过多次重建扩大，但仍难以容纳庞大的学生总量。所以学校对未来办学规模的定位是不超过26个教学班的办学总规模，以此确保学校办学质量。

（二）加强校舍改造升级，改善育人环境

既然规模与质量无法兼顾，集贤小学将目光投向了对孩子更高水平的全方位教育上，通过改善育人环境，进一步提高办学质量。第一，校舍升级改造。通过重建操场、设置厨房和教室立体送餐装置及教室多媒体升级等方式，将有限的空间改造成舒适、便捷的学习生活空间。第二，与周边社区联合，进行围绕集贤苑社区的环保课外实践活动，将育人空间向校外延伸，为学生提供更优质的教育。

南沙区大同小学学生规模变化分析报告

郭锦辉*

学校的地缘特征、办学规模、学生主体等因素与学校的发展密切相关。大同小学开办于1950年9月，位于广州市南沙区东涌镇大同村，是一所由东涌镇政府主办的公办农村小学。学校2022年有在校学生926人，教学班22个，教师54人，其中副高级教师8人，全部教师均具有大专以上学历。近几年来，学校招生人数呈现下降趋势。面对招生缩减现实，学校将工作重心放在加强管理上，旨在通过学校管理质量的提升来实现学校的高质量发展。以下从学校学生规模概况、学校学生规模年度变化、学校管理质量提升策略三个方面进行分析。

一、学校学生规模概况

为了全面掌握学校学生规模的变化情况，笔者将2017—2022年的在校生数、教学班数和招生数进行了统计梳理，基本情况如下：2017年，学校有在校生853人，教学班20个，招新生179人；2018年，学校有在校生911人，教学班21个，招新生180人；2019年，学校有在校生963人，教学班22个，招新生178人；2020年，学校有在校生962人，教学班22个，招新生152人；2021年，学校有在校生941人，教学班22个，招新生128人；2022年，学校有在校生926人，教学班22个，招新生131人。

二、学校学生规模年度变化

（一）学校在校生规模呈先增后减趋势

2017—2022年，大同小学的在校生数由2017年的853人增加到2019年的963人，2020年学校在校生数保持稳定（962人），而2022年回落到926人。（见图3-7-1）学校在校生规模的变化，与招生规模和毕业生规模有直接关系，变化幅度等于招生数与毕业生数之差。相对于招生规模的变化，学校的在校生规模变化存在一定的滞后性。

---

*郭锦辉，男，广州市南沙区大同小学副校长。

（二）学校招生规模总体呈递减趋势

2017—2022年，大同小学的招生规模在经历了三年（2017—2019年）相对稳定后，在2020年和2021年均出现较大幅度的缩减，2022年又趋于稳定，与2021年基本持平。（见图3-7-1）大同小学招生规模缩减的原因，与国家人口出生率整体下降有关。根据国家统计局发布的数据显示，我国出生率从2016年的13.57‰下降至2021年的7.52‰，人口出生率大致呈下降趋势。同时，南沙区城镇化进程及高标准基础教育学校和高端国际化学校的建成，导致农村小学吸引力下降，适龄儿童向城市中心及优质教育资源聚集的新学校转移，也是大同小学招生规模小幅下降的客观原因。鉴于此，如何提升农村小学学校管理质量，也成为学校亟须解决的重要议题。

（三）学校教学班数保持相对稳定，平均班额先增后减

2017—2022年，大同小学的教学班数经历了小幅增加后保持在22个。因为招生规模的缩减，在教学班数相对稳定的情况下，平均班额经历了短期的提高之后，2019年开始出现小幅缩减。（见图3-7-1）同时也应看到，平均班额的缩减为学校管理质量的提升提供了便利条件。

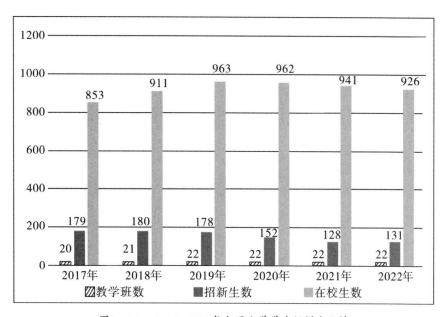

图3-7-1　2017—2022年大同小学学生规模变化情况

三、学校管理质量提升策略

（一）发挥校长的导向作用，提高校长的管理能力

校长对一所学校来说是非常重要的，校长的管理能力和智慧关系着这所学校教师队伍的成长和学校整体的发展。校长有长远的发展目光，有决策和管理的能力，能够做出科学的、正确的决策，是学校管理实现高质量发展的重要因素。因此，小学学校管理实践中，要提高校长的执行能力和管理能力，在校长的带领下，实现更好的发展。大同小学的做法是校长确立好教育教学的风向标，坚持以人为本，以学生发展为本的教育思想，用思想指导行动；校长引领校园文化的建设，关注教师队伍的进步和发展，关注校风学风的发展，合理布局，宏观把控，成为学校发展的灵魂；校长明确办学目标，制订人才吸引方案、广纳贤才，定期为学校教师进行培训、培养优秀教师人才；校长建立专业的管理团队，实现对学校教育教学的高效管理；校长要关注教育教学的每一个环节，如教师的备课方案、课堂教学、管理能力、专业技能、师德水平等。

（二）优化激励机制，建设优秀教师队伍，调动教师教学积极性

教师队伍是影响学校教育教学质量的重要因素。教师岗位的设置和应聘，教师职业目标的划分和标准的制定，教师的薪资结构等，都是教师队伍建设的重要内涵。提高小学学校管理的质量，就要优化教师激励机制，调动教师教学的积极性，建设优秀的教师队伍。同时，完善教师的考核制度，对教师的工作做出及时、公正、客观、全面的评价，用科学的管理办法建设小学教师队伍，为学校打造出一支锐意进取，专业素质过硬，结构合理，积极创新，不断学习，师德水平高的、文明的教师队伍。[1]面对学生规模缩小，大同小学更加重视通过教研培训的方式促进教师专业成长，每周定时间、定内容开展科组教研活动，活动内容可以是集体备课、理论学习、专业技能讲座或者是公开课及点评等。学校结合上级组织的各类各科组教研活动以及教师业务学习培训，通过主动"走出去"的办法促进教师业务素养的提升。学校还根据教师岗位标准建立起完善的考核制度，凝聚全校教师的思想和意志，激励教师积极进行教学活动，改变教师教学敷衍的问题，增强教师的责任意识，激发教师之间自我提升和相互合作的积极性。

---

[1]陈晓慧.关于小学学校管理工作的实践及深入思考［J］.课程教育研究，2020（13）.

（三）以人为本，重视学生主体，深化课程教学改革

大同小学将区域经济发展水平、学校的软硬件设施水平、当地教学资源、学生的家庭情况等因素纳入学校管理分析。根据学校建设的特点，充分考虑学生的特点，因地制宜，充分挖掘当地教育教学资源，将各项资源进行整合，根据实际情况调整课程教学实施方案，探索符合当地学生发展的教育教学管理模式。大同小学严格管控好课程表，开齐、开足、开好课程；通过深化课程教学改革，做好幼小教育教学衔接；严控作业总量，进一步减轻义务教育阶段学生作业负担；提高作业设计质量，确保"双减"提质增效；优化校内课后服务，满足学生多样化需求；优化作息安排，保障学生睡眠时间；加强体质健康管理，提高学生身体素质；完善考试评价机制，多渠道提高课堂教学质量等。

（四）创造良好的校园环境，建设优良的校风学风

学校要发挥思想政治教育的导向作用，加强德育教育工作的力度，凝聚社会共识，巩固学生思想基础，让学生形成正确的人生观；建设优良的校风和学风，首先应该创造良好的校园环境，开展形式多样、内容丰富的教育活动；在教育教学活动过程中，加强师风、学风、校风建设[①]，从而提高教育教学的有效性；引导学生接受传统文化的熏陶，在良好的学习风气中学习进步。大同小学为了丰富学生的课余生活，充分发挥科组教师的协同合作能力，组织学科或跨学科开展各类主题活动，如辩论赛、现场作文、好书推荐、读书分享会等，师生共育身心、共享乐趣。同时，学校根据家长需求，创新服务体系，在校内实施托管服务，优化校内课后托管。另外，大同小学重视德育教育在班级管理中的渗透，重视班风建设，重视良好学习环境的塑造，创建符合学生身心发展特点的学习环境，在无形之中引导学生养成良好的行为习惯和学习习惯。

（五）充分利用现代信息技术，创建智慧校园管理系统

现代信息技术进入教育教学领域，给校园管理和教学提供了新思路。学校的后勤部门是小学的重要服务保障部门，承载着重要的服务功能。在校园管理和建设中，从信息管理、后勤管理和安全系统管理三个方面提升智慧服务和管理水平是当今大数据时代背景下的必然要求，能够通过智能化的服务与管理，为校园师生带来安全便利的学习环境和生活环境。尤其是在当今

[①]王军.小学学校管理的实践与思考［J］.吉林教育，2018（8）：30.

信息大数据的时代背景下，智慧后勤管理系统建设有了更为重要的意义。大同小学利用现代信息技术，创建了校园餐饮服务管理、校园医疗服务管理、校园超市服务管理、宿舍服务系统管理、校园保洁服务管理等智慧校园管理系统。同时，校园后勤管理服务平台可以将这些服务数据进行整合，用各种智能设备，如手机端、PC端、校园自助机等，设置校园网登录，以网页和小程序为主，实现校园内数据共享，实现系统性、精细化的校园后勤管理。

综上所述，面对学校招生规模缩减，大同小学深入分析学生规模变化趋势，根据学校的生源特点、地域特色，从校长的引领作用、学校的教师队伍建设、学生为本的资源整合、校园环境创设、现代信息技术等方面优化管理，不断研究学校管理的新方向，探索学校管理质量提升的新路径，积极利用各项影响因素走出当前困境，实现学校管理的高质量发展。